D1392250

Siegbert Tempelhof

OSTÉOPATHIE
Pour se libérer en douceur de la douleur

- Déceler et libérer les tensions
- Activer les capacités d'autoguérison
- Supplément : programme d'autotraitement

VIGOT

Sommaire

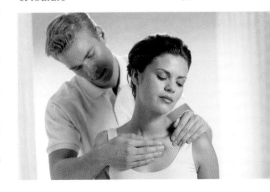

Deux mots rapides en préambule

Comment conserver la santé ? Et quand nous sommes malades, comment la recouvrer ? Quelques-unes des plus grandes énigmes dans la quête de la santé se retrouvent dans la philosophie de l'ostéopathie. C'est le docteur Andrew Taylor Still qui a commencé à lever le voile dans ce domaine. En observant le lien entre la structure et la fonction de l'organisme, il a constaté que l'on pouvait rétablir la fonction en traitant la structure et il a fait remarquer que l'organisme disposait de mécanismes l'aidant à conserver une certaine stabilité à ses constantes physiologiques. L'ostéopathe accompagne et influence cet exceptionnel processus de régulation. Ainsi, il peut aider de nombreux patients, même si en définitive, c'est par le corps du patient que s'accomplit la guérison. Durant le XXe siècle, la médecine conventionnelle a mis au point des techniques infiniment efficaces et accompli des progrès incomparables, mais on ne saurait jamais assez insister sur l'importance des travaux concernant le corps et ses capacités d'autoguérison. L'ostéopathie nous montre la voie sur la manière dont nous pouvons exploiter ces mécanismes.

Professeur en médecine John M. Jones III, Kirksville, États-Unis
Président de l'Académie américaine d'ostéopathie (AAO)

Jusqu'à aujourd'hui, la documentation pratique sur ce monde fabuleux qu'est l'ostéopathie était réduite à la portion congrue. Pour le nombre sans cesse croissant de patients à l'esprit ouvert qui consultent un ostéopathe et font confiance à l'efficacité de cette thérapeutique, il était grand temps d'élaborer un guide capable de répondre à leur soif de connaissances.

Dans ce livre, où les multiples possibilités de l'ostéopathie s'enchaînent de manière très imagée et synthétique comme les rouages d'un engrenage, l'auteur se livre à un précieux travail d'interprétation permettant de répondre d'excellente manière à une question si souvent posée : l'ostéopathie, c'est quoi exactement ?

Je souhaite vivement remercier le professeur Siegbert Tempelhof de cette présentation très imagée, qui nous incite à en savoir encore plus et je me réjouis par avance de ses prochaines « expéditions » dans le vaste domaine de l'ostéopathie - pour le bien de tous les patients.

Karl Heinz Riedl, DO MRO
Président de l'Association des ostéopathes d'Allemagne (VOD)

L'ostéopathie : nouvelles voies - nouvelles opportunités

L'ostéopathe « voit » avec ses mains ; il sent et libère les blocages du corps, il rétablit l'équilibre des tissus et permet à l'énergie vitale de circuler à nouveau librement. Par des méthodes douces, il active les capacités d'autoguérison de l'organisme et contribue au bon écoulement des liquides dans le corps. Avec sensibilité, naturel et précision, il donne l'impulsion nécessaire pour que le patient se libère de ses douleurs et de ses troubles.

Généralités

L'ostéopathie est une méthode douce exécutée avec les mains, sans aucun appareil ni médicament – les pressions sont si délicates et les déplacements des tissus si minimes que le traitement est souvent à peine perceptible.

Andrew Still – médecin intuitif

Fondateur de l'ostéopathie, le docteur Andrew Taylor Still (1828-1917, États-Unis) était un homme captivant, mais quoi de plus normal. Tous les pionniers sont des personnes intéressantes, exerçant une certaine fascination sur leurs contemporains. Souvent, ce sont des événements précis qui font naître de nouvelles idées. Ainsi, dès que l'on observe de plus près la vie d'Andrew Still, on comprend mieux la philosophie de l'ostéopathie.

Événement clé dans l'enfance

Son père, lui-même médecin, emmenait souvent le jeune Andrew Taylor en visite chez les patients et il fut pour lui un maître important. Avec le temps, Andrew Taylor Still se prit d'enthousiasme pour les êtres vivants et leurs fonctions. Jeune enfant, de violents maux de tête le conduisent à s'intéresser très tôt à son propre corps. Victime un jour de violentes céphalées, il enlève la planche de la balançoire sur laquelle il est assis, allonge la corde et pose la nuque dans la boucle ainsi formée. La traction exercée réduit les maux de tête de telle sorte qu'il s'endort. À son grand étonnement, il constate à son réveil que les douleurs ont totalement disparu. Cette technique, qu'il devait par la suite toujours employer avec bonheur, est l'un des événements clés dans l'évolution du concept d'ostéopathie.

Cet incident démontre l'une des principales qualités du docteur Still : il ne s'est jamais laissé accabler par le sort (ni plus tard, par celui des autres) et il s'est toujours battu énergiquement contre le destin, afin de trouver un moyen de s'en sortir.

Lorsque toutes les parties du corps sont correctement placées, nous sommes en parfaite santé. Dans le cas contraire, nous sommes malades. Dès que les parties du corps ont été correctement réorientées, nous recouvrons la santé
(Dr A. T. Still)

Si la manœuvre effectuée par le docteur Still a été reprise depuis avec succès sous une autre forme dans la thérapeutique ostéopathique, les capacités d'autoguérison sont activées par des actes volontaires du patient, notamment par l'exercice, le sport, la détente et des aménagements du style de vie. En effet, outre le traitement proprement dit, l'intervention du patient, sous la conduite du praticien, est décisive dans le processus de guérison.

L'enseignement des coups du sort

Suite à une catastrophe naturelle, Still perdit la ferme qu'il avait récemment acquise et fut ruiné. Pour nourrir sa famille, il dut des années durant mener de front la carrière de médecin et de fermier. Durant la guerre de Sécession, il dut exercer comme chirurgien et compléter ses connaissances médicales, mais plus encore, il put appréhender les limites de la médecine d'alors. L'événement capital restera toutefois la perte de ses trois enfants suite à une épidémie de méningite. Médecin impuissant, il dut constater que les remèdes de l'époque, quelle que soit l'affection, demeuraient plus nocifs que bénéfiques aux malades.

C'est en 1874 que le docteur Andrew Taylor Still expose les fondements de l'ostéopathie.

L'objectif du médecin doit être la recherche de la santé. L'étude de la maladie est à la portée de tous (Dr A. T. Still).

1874 – Naissance de l'ostéopathie

Après avoir mené d'autres études sur le corps humain et essuyé des échecs répétés avec les méthodes thérapeutiques d'alors, il put finalement hisser la «bannière de l'ostéopathie», en 1874, comme il l'indiquera plus tard dans son autobiographie. En l'espace de quelques années, par sa parfaite connaissance de la structure et de la fonction du corps humain, il avait mis au point une méthode qui permettait de déclencher un processus de guérison dans le corps de ses patients. Au début, sa thérapie était connue sous le nom de «traitement de Still». Ce n'est que plus tard qu'il devait lui donner son nom actuel d'ostéopathie.

Le docteur Still installe son cabinet d'ostéopathie à Kirksville, petite ville du Missouri. Avec le temps, il devint tellement célèbre, que les patients venaient le consulter de loin pour suivre son traitement.

Développement de l'ostéopathie

L'ostéopathie aux États-Unis

Aux États-Unis, l'ostéopathie est enseignée depuis plus de 100 ans.

Convaincu de la justesse de sa théorie, et encouragé par ses succès médicaux, le docteur Still fonde en 1892 l'école américaine d'ostéopathie à Kirksville (Missouri). La première année, les cours sont suivis par 21 élèves, mais dès 1900, l'école forme déjà environ 700 ostéopathes. À sa mort en 1917, à l'âge respectable de 87 ans, A. T. Still laisse une méthode thérapeutique prometteuse rendue toujours plus célèbre par des cas de guérison assez souvent spectaculaires. Son cabinet a pris la taille d'une clinique et ses disciples fondent alors dans l'ensemble du pays d'autres cabinets et d'autres écoles. Aux États-Unis, l'ascension de l'ostéopathie, bien qu'irrésistible, ne va cependant pas sans difficultés, car les praticiens de la médecine allopathique sont peu réceptifs à ces nouvelles idées. Des décennies seront en effet nécessaires pour que l'ostéopathie soit totalement acceptée et intégrée dans le système de santé et il faut attendre les années 1967 à 1973 pour qu'elle soit entièrement reconnue par toutes les instances fédérales du pays.

Aux États-Unis, l'ostéopathie est totalement intégrée dans le système de santé et elle est enseignée dans des universités spécialisées.

Aujourd'hui, ce pays compte 19 facultés d'ostéopathie et environ 45 000 ostéopathes. Les médecins ostéopathes et non ostéopathes (allopathes) travaillent en collaboration. Le nombre d'étudiants sans cesse croissant ces dernières années attire tout particulièrement l'attention des caisses d'assurance maladie, car l'ostéopathe offre des soins très efficaces et économiques de par son mode d'exercice.

Alors que les études de médecine classique sont sanctionnées par le diplôme de docteur en médecine allopathique (D.M.), les études d'ostéopathie conduisent au grade de docteur en médecine ostéopathique (D.O.).

Si le cursus est identique pour ce qui est des matières médicales de base, les ostéopathes sont par ailleurs formés au principe holistique et philosophique d'unité du corps humain et aux différentes techniques de traitement des tissus. Aux États-Unis, tout ostéopathe diplômé peut passer d'autres spécialités, telles que médecine interne, neurologie, chirurgie ou encore orthopédie.

John Martin Littlejohn a été le pionner de l'ostéopathie en Europe.

L'ostéopathie en Europe

Quoique les ostéopathes européens n'aient pas encore atteint une aussi grande notoriété que leurs collègues américains, l'accroissement de leur nombre est aujourd'hui beaucoup plus rapide. C'est à John Martin Littlejohn (1865-1947), disciple de Still, que l'on doit la fondation de l'école britannique d'ostéopathie en 1917, première de son genre en Europe. Dans ce pays, les ostéopathes constituent une corporation à part entière, tout comme dans de nombreux pays d'Europe, où ils occupent une place bien à eux dans le système de santé, mais aussi parmi les représentants des médecines alternatives, notamment les guérisseurs ou les physiothérapeutes, qui peuvent également pratiquer l'ostéopathie.

En France, en revanche, l'exercice de cette discipline est strictement réservé aux médecins. La Société française d'ostéopathie, l'organisation d'ostéopathie la plus ancienne, créée en 1952 dans notre pays, regroupe encore de nombreux praticiens. L'enseignement de cette discipline fait progressivement son apparition dans les facultés, par exemple dans les universités de Bobigny et de Créteil. Les études, notamment la partie concernant la philosophie fondatrice, sont très complexes et une formation solide est indispensable. Même si on peut assimiler quelques techniques ostéopathiques en très peu de temps, une formation intensive, généralement sur plusieurs années, est absolument indispensable pour maîtriser le concept holistique à la base de cette discipline.

Ostéopathie – Une étymologie controversée

Sur une île déserte, sans aucun des moyens de la technique moderne, on retrouverait vraisemblablement le concept thérapeutique de l'ostéopathie : un traitement qui s'appuie sur l'organe du toucher, le plus développé de tous les êtres humains, la main.

Peut-être ne connaissez-vous pas l'origine du mot ostéopathie ? Ne vous inquiétez pas, vous n'êtes certainement pas le seul dans ce cas ! Peut-être connaissez-vous l'ostéoporose, mot voisin qui désigne la fragilisation des os par décalcification et dans lequel on retrouve «ostéo», racine commune à ces deux mots.

En grec ancien, «osteo» signifie os et «pathos» douleur, affection, maladie. Littéralement, on peut donc traduire ostéopathie par «maladie des os», aussi bien que par «maladie liée aux os». Still s'intéressait tout particulièrement aux «douleurs» causées par les os, et c'est ce qui lui a fait choisir ce terme. Le cartilage peut souvent révéler de manière spectaculaire les dysfonctionnements d'autres tissus, car il accentue les déséquilibres par un phénomène de levier.

Une autre étymologie possible souligne la philosophie empreinte de douceur de l'ostéopathie. En grec en effet, le mot «pathos» signifie non seulement souffrance, mais également compassion. On pourrait donc aussi traduire «ostéopathie» par «compassion pour les personnes souffrant des os».

À L'écoute des tissus

Le docteur Andrew Taylor Still remarque que toute maladie s'accompagne de problèmes au niveau des muscles et des os, problèmes qu'il attribue à

des troubles ou déséquilibres de la circulation ou du système nerveux. Grâce à des techniques de manipulation des tissus, il parvient à régulariser la tension musculaire et la position des os, rétablissant ainsi la circulation des liquides et l'équilibre du bilan hydrique.

La base de la vie

Pour Still, la base de toute vie est la libre circulation des liquides organiques (sang, lymphe et liquide interstitiel). C'est à cette seule condition que toutes les cellules sont bien alimentées en substances nutritives et en oxygène, mais aussi que s'effectue le processus, tout aussi important, d'évacuation des déchets. Les blocages de l'énergie vitale à l'échelle tissulaire, la congestion des vaisseaux (artères, veines, vaisseaux capillaires et lymphatiques), les tensions et la sous-alimentation des nerfs entraînent une altération fonctionnelle, processus curable et réversible si, et seulement si, il est traité à temps.

L'ostéopathe «écoute» les tissus et rétablit leur équilibre. C'est ainsi qu'il peut agir de manière positive sur les troubles, les douleurs et les maladies.

La maladie résulte d'un approvisionnement insuffisant en liquides et sucs organiques ou d'une dégradation de la qualité de vie (A. T. Still).

Avec le temps, on découvrit que les dysfonctions somatiques pouvaient provenir non seulement des tissus (os, muscles, tendons, ligaments) et des organes internes, mais aussi des facteurs environnementaux et émotionnels.

À l'écoute du patient

Les techniques utilisées par les ostéopathes sont régulièrement améliorées. Ainsi, l'ostéopathie n'est pas une méthode statique fondée sur des règles invariables, mais un processus dynamique soumis en permanence à des modifications et des adaptations. Elle intègre les progrès de la science, tout autant que les nouvelles découvertes et orientations thérapeutiques. Dans son traitement, l'ostéopathe prend en compte les facteurs environnementaux influant sur le patient, ainsi que sa personnalité et son mode de vie. L'ostéopathie est donc une thérapie globale. Les ostéopathes expérimentés savent exploiter les informations affectives stockées dans les tissus.

Le patient est par ailleurs invité à s'investir dans le processus de guérison. Ainsi, pendant que le praticien libère les capacités de guérison difficilement mobilisables par le patient lui-même, ce dernier est appelé à prendre en main sa vie quotidienne sur certains plans : exercice, entraînement, repos, détente et bien d'autres domaines encore (pour plus d'informations, voir p. 62 et suivantes).

Philosophie de l'ostéopathie

Pour ses
adeptes,
l'ostéopathie
est à la fois
une
philosophie,
une science
et un art.

L'enseignement ostéopathique ne se limite pas au mode de traitement de certains syndromes douloureux. L'ostéopathe considérant l'organisme comme un tout, c'est une méthode globale de traitement du corps, de l'esprit et de l'âme. L'ostéopathie s'appuie sur des disciplines scientifiquement éprouvées comme la médecine, la chimie, la physique et la biologie, mais aussi sur des méthodes dont l'efficacité s'est avérée dans la pratique sans qu'elle ait encore pu être vérifiée par des méthodes scientifiques. Si l'acquisition des techniques palpatoires (voir p. 17) est un art, c'est sur la perception intuitive des rapports internes du corps humain que se fonde l'approche holistique de l'ostéopathie.

Les quatre principes de l'ostéopathie

La philosophie ostéopathique repose sur quatre principes (voir encadré, p. 15) qui sont à la base de toute consultation ostéopathique, comme nous le verrons plus en détail dans les paragraphes suivants.

Je souhaite faire de l'ostéopathe un philosophe et le ramener à des bases rationnelles (A. T. Still).

Ostéopathie – Principe de l'unité du corps

Holistique ou globale est devenu un qualificatif à la mode que seules quelques rares thérapies peuvent revendiquer à juste titre, car on oublie souvent qu'une thérapie purement intellectuelle, morale ou spirituelle est tout aussi peu globale qu'une thérapie s'intéressant exclusivement à l'aspect physiologique. Le traitement «holistique» renonce à scinder le corps en ses différentes parties. Ainsi, pour chasser les douleurs touchant un organe ou une articulation par exemple, la thérapie ne se préoccupe pas seulement de la région douloureuse pour poser le diagnostic, mais considère plutôt la totalité du corps, avec toutes ses liaisons, de la nuque à la plante des pieds.

Le traitement «holistique» est bien plus étendu encore et il englobe, en plus du corps, notre esprit et notre âme. Ces concepts sont certes difficiles à appréhender par la médecine organique, mais ils nous influencent tous de manière déterminante. L'organique et le psychique sont indissociable-

Les 4 principes de l'ostéopathie

- L'être humain est composé d'un corps, d'un esprit et d'une âme formant une entité.
- Le corps dispose de capacités d'autoguérison, de mécanismes d'autorégulation et de systèmes de lutte contre la maladie.
- Le corps se compose de tissus, dont la forme et la fonction sont intimement liées entre elles.
- La thérapie ostéopathique est une synthèse des trois principes précédents, autrement dit de l'unité du corps, de l'âme et de l'esprit, de l'activation des capacités d'autoguérison et du lien indissociable entre la structure et la fonction.

Suivant les quatre principes de l'ostéopathie, le corps, l'esprit et l'âme forment un tout indivisible, un postulat déterminant pour le diagnostic et la thérapie prônés par cette discipline.

ment liés. Nos idées, nos sentiments, nos croyances et nos espoirs sont des parties inséparables de l'unité que constitue l'être humain. En effet, si une chute peut endommager certains tissus, elle peut aussi provoquer un problème émotionnel. Et si une situation conflictuelle peut provoquer un stress émotionnel, elle peut aussi entraîner une altération des tissus.

L'ostéopathe considère l'organisme du patient dans sa totalité et son environnement avec ses possibles interactions, de même que l'aspect psychique et émotionnel, la forme physique, l'alimentation, l'exercice, la détente, l'activité et la passivité. Suivant les cas, il est possible que certains de ces aspects seulement méritent d'être traités. C'est l'amalgame des traitements spécifiques qui constituent la thérapie. Dans une perspective globale, l'ostéopathe reprend des techniques connues de la médecine conventionnelle, ainsi que certaines techniques de la médecine empirique dont les effets sont incomplètement mesurables par les méthodes actuelles.

Activation des capacités d'autoguérison

Les capacités d'autoguérison de l'organisme occupent une place de choix dans la doctrine ostéopathique. L'ostéopathie part en effet du principe que chaque organisme est doté de forces correctives naturelles s'efforçant de maintenir le corps dans le meilleur état de santé possible.

Le docteur Still était convaincu qu'il existait des forces organiques produisant les remèdes nécessaires au corps. Aujourd'hui, on sait que le corps peut effectivement générer un grand nombre de substances curatives dont l'efficacité dépend de l'état des tissus, mais aussi des facteurs psychiques, mentaux et sociaux.

La faculté d'activer les capacités d'autoguérison du corps est l'un des éléments clés de la philosophie ostéopathique.

Les capacités d'autoguérison peuvent s'exprimer pleinement tant que le corps est correctement équilibré et qu'il peut de lui-même éliminer les troubles. Si cette faculté de réparation est entravée par un déséquilibre au sein des tissus, une obstruction au passage des liquides, une pression sur les nerfs, une mauvaise position des os, une mobilité réduite des organes ou d'autres dysfonctionnements, les capacités d'autoguérison ne sont plus efficaces. Les problèmes émotionnels, le stress, les tensions sociales ou les conflits peuvent également conduire à une incapacité à se débarrasser des troubles de manière autonome, troubles encore une fois susceptibles d'inhiber les capacités d'autoguérison. Par des techniques particulières, l'ostéopathe défait les tensions dans les tissus et rétablit la circulation des liquides. Il permet ainsi aux processus de guérison, de régulation et d'organisation autonomes d'agir à nouveau pleinement. Par ailleurs, les phénomènes de rétroaction entre le corps, l'esprit et l'âme et des corrections au niveau tissulaire permettent d'agir de manière positive sur les facteurs psychiques.

La structure gouverne la fonction

Ce principe est connu dans l'esthétique moderne, où la forme d'un objet est entièrement subordonnée à sa fonction. Rien ne vient troubler la perfection des lignes.

Prenons l'exemple d'un avion dont la fonction est évidemment de voler. Le fuselage et la surface portante sont conçus de telle manière que l'appareil puisse s'élever et se maintenir dans le ciel. Ces éléments ont donc des formes totalement subordonnées au vol. Une petite erreur au sein de l'ensemble peut mettre en péril la capacité de vol ou même entraîner la chute de l'avion.

Le corps humain est construit exactement selon le même principe. Chaque cellule de l'organisme a une fonction particulière. L'aspect et la composition des (populations) de cellules obéissent dans le moindre détail à cette fonction. La nature a créé une œuvre dotée d'un sens et d'un but déterminés : une œuvre non pas constituée de matériaux inertes, comme dans le cas d'un avion, mais un être vivant exigeant le plus grand soin pour que ses éléments puissent collaborer sans entrave à l'efficacité de l'ensemble.

Sur un avion, un entretien journalier est nécessaire pour que les traces d'usure quotidiennes puissent être gommées et les petits défauts de fonctionnement immédiatement réparés. Les défauts plus importants exigent l'intervention de spécialistes. Le corps humain est régi de manière tout à fait

similaire. C'est à vous de prendre régulièrement soin de votre corps pour qu'il puisse non seulement fonctionner de manière optimale, mais aussi se régénérer et se réparer. En cas de problème impossible à résoudre, on fait appel à un spécialiste en la personne d'un médecin. Contrairement à l'avion, l'organisme dispose de capacités d'autoguérison directement ou indirectement mobilisables par chaque individu.

Comme une cellule d'avion, le corps humain est entièrement adapté à sa fonction.

Autres principes de l'ostéopathie

En dehors des principes précédemment énoncés, il existe bien sûr d'autres approches qui nous permettent de mieux appréhender la réalité de l'ostéopathie et sa conception du corps humain.

Les performances sensorielles de la main

Vous admirez certainement les grands œnologues capables de distinguer un cru parmi des centaines d'arômes différents ou les grands gourmets qui retrouvent les épices composant les plats ou encore les «nez» qui savent analyser les parfums avec une diabolique précision ? Personne ne saurait nier que ces performances relèvent du grand art.

Mais qu'en est-il des performances sensorielles de la main ? Pour répondre à cette question, faisons appel à la science. La figure de la page 19 montre dans quels rapports les différentes parties du corps humain sont représentées sur le cortex cérébral (cortex moteur).

Plus la région affectée à un organe sur le cortex cérébral est grande, plus le degré de perception de l'organe correspondant est fin. Prenons un autre exemple pour montrer l'extraordinaire amplification de l'information dans le cerveau. La pulpe des doigts comporte une centaine de corpuscules tactiles sensibles à la pression par cm². Ceux-ci activent dans le cerveau plus de 10 000 cellules nerveuses qui traitent alors le stimulus reçu. Seules la main et la bouche possèdent un aussi grand nombre de récepteurs. L'organisme dispose de récepteurs pour divers stimuli : le contact, la pression, la tension, le chatouillement ou la vibration. La pulpe du doigt est capable de déceler une pression de contact d'un centième de millimètre et d'isoler des points distants de moins de 5 mm comme deux endroits distincts, alors que sur le dos de la main au contraire, la peau considère deux points distants de moins de 4 cm comme une seule zone, car le nombre de récepteurs est nettement moins important.

La pulpe des doigts : organe tactile parfait où 1 cm² de peau comporte une centaine de récepteurs sensitifs ou corpuscules tactiles.

La main est l'un des organes les plus développés de l'être humain. C'est l'un des fondements les plus importants de notre évolution.

La vie, c'est le mouvement…

Le corps a besoin d'exercice. Ce conseil n'est pas vraiment nouveau, car on le retrouve dans presque tous les guides de santé, mais il n'en est pas moins fondamental pour l'ostéopathie. Au fait, vous avez certainement enregistré dans un coin de votre cerveau que le mouvement était bon pour la santé, mais savez-vous vraiment pourquoi ? Aussi, allons-nous maintenant essayer d'analyser cette affirmation.

L'activité du corps humain relève du domaine des superlatifs. Nous possédons 100 billions de cellules (100 000 000 000 000) parmi lesquelles 500 milliards (500 000 000 000) sont détruites et régénérées chaque jour, suivant un processus faisant intervenir le transport de «matériaux» et l'évacuation de déchets.

Chaque seconde meurent plusieurs millions de cellules et d'autres naissent. Ce processus, absolument vital pour l'organisme, se renouvelle constamment. À chaque seconde en effet, la cellule est le siège de plusieurs milliers de réactions physiques. Ces chiffres sont si immenses qu'il est impossible de se représenter mentalement ces phénomènes.

La muqueuse du tractus gastro-intestinal est remplacée tous les 5 jours environ. Les cellules de la peau sont renouvelées tous les mois. Tous les 3 à 4 mois, les composants des os sont également renouvelés… et l'on pourrait continuer longtemps cette énumération. Seules les cellules du cœur ainsi que celles du cerveau et des fibres nerveuses périphériques ne sont pas renouvelées.

Notre corps est soumis à une multitude de mouvements internes dont la subtile interaction garantit notre santé.

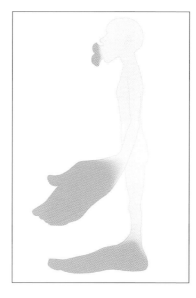

Les performances sensorielles de l'œil, du nez, de la bouche et de la langue sont sur-représentées au niveau du cerveau par rapport aux autres structures corporelles. Les pieds et les mains, encore plus, occupent une place tout aussi importante.

… Et c'est aussi le rythme

Les cellules de notre corps sont constamment en mouvement et se renouvellent (à de rares exceptions près) toutes les secondes, toutes les minutes, tous les jours, toutes les semaines, tous les mois ou encore tous les ans. L'organisme a par ailleurs besoin de phases actives et passives de détente. Parallèlement à l'alternance d'activité et de repos, le corps dispose d'une horloge interne, déterminée par divers rythmes :

- Activité nerveuse, lisible sur l'EMG ;
- Activité cardiaque, lisible sur l'ECG ;
- Rythme cérébral, lisible sur l'EEG ;
- Respiration et pouls ;
- Rythmes circadiens ;
- Rythme menstruel ;
- Rythmes hormonaux ;

● Onde péristaltique (cheminement des matières dans le gros intestin) dans le tractus gastro-intestinal ;

● Ingestion de nourriture et excrétion ;

● Oscillations ou vibrations cellulaires allant jusqu'au niveau de la molécule.

Pour les ostéopathes, il existe deux autres rythmes : le rythme crânio-sacré (cf. p. 40), qui décrit les oscillations du liquide céphalo-rachidien, et le rythme des organes internes, qui ne sont pas suspendus de manière statique dans l'organisme mais oscillent autour de certains axes.

Ces rythmes servent à la transmission et à la collecte d'informations : ce sont eux qui donnent au corps une certaine orientation et un certain ordre. Toutes les cellules de l'organisme, sont reliées entre elles par les synchroniseurs les plus divers. Aucune cellule n'est isolée. Seul le corps en bonne santé est capable de coordonner l'action de l'ensemble de ces rythmes.

> Toutes les structures corporelles sont soumises à différents rythmes qui obéissent à des lois bien déterminées et régissent notre existence.

Vision ostéopathique du corps

Le tissu conjonctif relie toutes les structures tissulaires (cf. p. 22). Certains organes sont plus solidement liés les uns aux autres par le biais de structures anatomiques, telles que fascias, faisceaux nerveux ou vasculaires, tendons et ligaments. Ces structures peuvent former des «chaînes», voies toutes trouvées pour la transmission des troubles au sein de l'organisme. Une bonne connaissance de ces chaînes est très importante pour l'ostéopathe.

Parallèlement, les dérèglements, tensions anormales et déséquilibres de certains tissus peuvent s'étendre directement à des tissus voisins. Ce phénomène se produit de différentes manières : de la surface vers l'intérieur, de l'intérieur vers la surface, du bas vers le haut, du haut vers le bas ou encore en oblique. Pour résumer, on peut dire que les traumas tissulaires se transmettent en trois dimensions par l'intermédiaire du tissu conjonctif.

> Les fascias sont les voies de communication du corps

Parmi les différents modèles de travail de l'ostéopathe sur l'organisme dans les différentes dimensions, nous allons maintenant examiner le modèle vertical en coupe. On peut s'imaginer que le corps est composé d'un grand nombre de couches. L'ostéopathe recherche les tensions et les déséquilibres à l'intérieur de ces couches. Une tension plus importante dans une couche se ressent également dans les couches voisines.

Ainsi, les différentes sensations perçues au niveau de la peau permettent-elles à l'ostéopathe de deviner ce qui se passe dans les couches plus profondes. Et si le patient souffre d'un mal de dos, il ne doit pas se limiter à examiner des couches situées à l'arrière du corps, mais procéder à l'examen des couches internes, car elles contiennent des informations importantes et peuvent même être à l'origine des troubles au niveau du dos. Pour respecter le principe d'unité du corps, l'ostéopathe doit examiner toutes les structures dans leur relation avec les autres tissus.

L'articulation ostéopathique

Normalement, une articulation est définie comme le lien mobile entre deux parties. En médecine allopathique, cette définition s'applique uniquement aux os. Parmi le grand nombre d'articulations que possède le corps, les plus connues sont celles de l'épaule, de la hanche ou du genou. Et chacun de nous a déjà entendu parler de problèmes au niveau des articulations. L'un des plus courants est l'arthrose, phénomène d'usure lié à une dégénérescence du cartilage. Les extrémités osseuses formant l'articulation ne peuvent plus bouger l'une contre l'autre sans un très grand frottement qui entraîne des douleurs plus ou moins fortes. Pour l'ostéopathe, l'articulation couvre une notion plus large. Toutes les structures en contact les unes avec les autres sont vues comme des articulations, car elles sont d'une manière ou d'une autre mobiles les unes par rapport aux autres. Ainsi, outre l'articulation d'os à os, l'ostéopathe prend en compte l'articulation d'os à organe (pubis-vessie, par exemple), de muscle à organe (reins-psoas) et d'organe à organe (reins-foie).

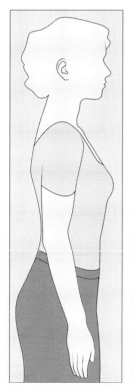

L'ostéopathe examine le corps au niveau de ses différentes couches. En exerçant diverses pressions avec les mains, il progresse d'une couche à l'autre.

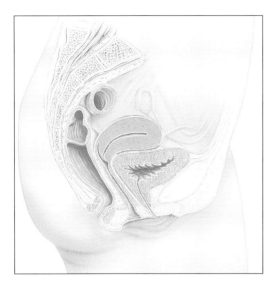

Cette notion précise à nouveau le rôle si important du mouvement des structures corporelles pour l'ostéopathie. Le libre déplacement des structures les unes par rapport aux autres est en effet essentiel pour la santé du patient.

Le tissu conjonctif - LIEN structurel par excellence

Les structures corporelles sont toutes entourées d'une enveloppe, ou fascia. Et chaque organe, comme le foie, le cœur, les reins ou la rate, sont enfermés dans une membrane. D'autres structures, auxquelles on ne pense pas forcément, sont également enserrées dans une membrane fibreuse : les os par le périoste, les muscles par les fascias et les tendons par une gaine synoviale. Les structures plus importantes, comme la cage thoracique ou l'abdomen, sont également protégées, respectivement par le péritoine et la plèvre.

Toutes ces structures sont en outre réunies par un tissu de liaison, le tissu conjonctif, qui abrite les systèmes d'alimentation en nutriments et d'évacuation des déchets, les vaisseaux sanguins et lymphatiques, ainsi que les nerfs. Si l'on retirait tous les organes du corps et qu'on laissait le tissu conjonctif en place, on obtiendrait une image parfaite du corps avec le modelé de toutes les structures organiques. Le tissu conjonctif reliant toutes les parties du corps, il constitue ainsi une voie de communication au sein de l'organisme.

Exemple d'articulation ostéopathique : proximité immédiate de la vessie (1) et de l'utérus (2).

Un poids, même faible, suspendu à un drap suffit à entraîner la formation de plis dans la direction du poids. De la même manière, les tensions exercées sur le tissu conjonctif provoquent la formation de plis susceptibles de créer un déséquilibre dans le corps et d'affecter certaines fonctions organiques.

C'est pourquoi une gêne au pied peut se faire sentir au niveau de la tête, et inversement, le traitement d'une douleur au pied peut contribuer à supprimer des maux de tête. Par le biais des fascias, présents dans tous les recoins du corps, il est possible d'atteindre n'importe quel point de l'organisme.

Exploration ostéopathique dans la région des reins

Mais partons pour un voyage à l'intérieur du corps ; vous pourrez ensuite mieux appréhender les fonctions de l'organisme à la manière d'un ostéopathe et mieux comprendre sa vision des choses.

Imaginez que vous êtes un rein. Vous devrez donc réguler les échanges de liquides dans le corps. Si l'apport liquidien est élevé, vous devrez produire de grandes quantités d'urine et si l'apport est faible au contraire, vous devrez économiser l'eau du corps et libérer une urine très concentrée, contenant très peu d'eau (coloration jaune foncé). Vous devrez par ailleurs veiller à l'équilibre du milieu ionique et maintenir constantes les concentrations d'ions sodium, potassium, calcium, magnésium ou chlore, tout en assurant l'élimination des produits du métabolisme (notamment les protéines brûlées, l'urée, l'acide urique, la créatinine et le phosphate).

Nouveaux enseignements concernant le tissu conjonctif

Autrefois, le tissu conjonctif était considéré comme un vulgaire tissu de maintien et de remplissage, absolument exempt de toute autre fonction spécifique, mais de récentes recherches ont montré que le tissu conjonctif, dans sa fonction de lien entre les autres tissus, avait un rôle déterminant au point de vue de la transmission et de la régulation. N'oubliez pas que chaque cellule du corps est emballée dans le tissu conjonctif. Aucune substance nutritive, molécule d'oxygène, scorie, hormone ou enzyme qui ne le traverse. Par le biais de messagers ou d'une modification de sa composition chimique, il permet d'échanger des informations avec des centres de régulation très éloignés. Aux sollicitations mécaniques, il réagit en se déformant de manière visco-élastique et prend donc tous les états, liquide à solide, plus court ou plus long, suivant les cas. Les tractions, pressions ou torsions subies sont converties en phénomènes électromagnétiques (piézoélectricité), qui sont capables à leur tour d'influencer les mécanismes supérieurs de régulation du corps. C'est pourquoi le tissu conjonctif est l'un des plus importants pour le diagnostic comme pour le traitement.

Voici quelques-unes des performances étonnantes que vous devriez réaliser si vous étiez un rein :

La mobilité du rein est une condition indispensable à son bon fonctionnement.

● À chaque respiration, les reins s'abaissent et se soulèvent, et se déplacent ainsi de 3 cm, ce qui représente, si l'on prend 15 respirations par minute en moyenne, environ 600 m à la fin de la journée !

● Les reins sont traversés chaque jour par 1 500 litres de sang, à partir desquels sont formés 150 litres d'urine primitive ou filtrat glomérulaire (filtration laissant passer l'eau et les substances diffusibles), à nouveau filtrés pour donner finalement environ 1,5 litre d'urine.

Les performances accomplies par ces petits organes ne sont-elles pas impressionnantes ? Aussi, quelles doivent être leurs exigences, au vu des énormes quantités d'énergie qui leur sont nécessaires pour accomplir leurs multiples fonctions ? Assurément, une irrigation et une innervation parfaites, ainsi qu'une mobilité réellement irréprochable par rapport aux autres organes, car les reins, comme toutes les autres structures d'ailleurs, doivent disposer d'une mobilité sans entrave pour fonctionner de manière optimale. C'est pourquoi le rein, avec l'artère et la veine rénales, est uniquement relié à l'aorte et à la veine cave inférieure, et qu'il oscille librement par ailleurs. De la même manière, les surrénales sont confortablement installées sur les reins et séparées de ces derniers par un petit feuillet fibreux amortissant. Par la réduction des frottements avec les structures voisines, la consommation d'énergie est minimale et la concentration sur la tâche à accomplir est parfaite. Mais voyons comment le rein pourrait être gêné. Coiffé de sa capsule adipeuse, il repose sur le psoas, muscle important de par son action dans la flexion de la hanche. En cas de problème du bassin ou de la colonne vertébrale, son tonus augmente de manière anormale (hypertonie), et cet état, s'il se prolonge, peut entraver le mécanisme de glissement du rein sur le muscle.

Comme l'état de tension se propage aux autres structures, la surrénale et plus tard éventuellement

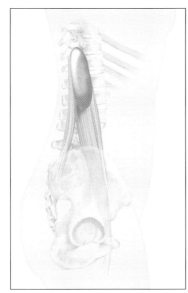

Le rein (1) « repose » sur le psoas (2) : organe et muscle s'influencent mutuellement.

une partie du rein, peuvent être touchés. Le rein doit alors investir plus d'énergie pour conserver sa mobilité et, selon l'intensité du phénomène, il est gêné dans sa fonction. Même si le problème de bassin ou de colonne vertébrale peut se résorber après quelque temps, il persiste au niveau du rein un dysfonctionnement sous la forme d'une réduction de mobilité. Cette gêne peut à son tour réactiver le problème de bassin ou de colonne vertébrale. Personne ne peut vous expliquer pourquoi vos douleurs reviennent, jusqu'à ce que vous rencontriez un ostéopathe qui les fait disparaître en réglant le problème à sa racine, c'est-à-dire au niveau du rein. Les reins entretiennent des relations complexes avec d'autres organes, mais nous ne pouvons toutes les approfondir, c'est pourquoi nous avons choisi d'illustrer un exemple en particulier.

Une entrave à la mobilité du rein peut, par exemple, entraîner des douleurs dans le dos ou dans les genoux

Mode d'action de l'ostéopathie

Élimination des barrières

L'ostéopathe n'est pas un «faiseur de miracles» qui ferait disparaître les problèmes du corps comme par magie. Pour bien comprendre l'ostéopathe et son travail, on peut utiliser l'image des «barrières». Semblable au cours d'une rivière, la vie est mouvement. Et l'on peut suivre encore cette métaphore : que des barrières se forment dans le lit de la rivière, sous la forme de rochers par exemple, et les tourbillons qui apparaissent prélèvent une partie de l'énergie hydraulique. De même dans le corps humain, il faut éviter les barrières, afin de garantir le bon écoulement des liquides et le déroulement normal des rythmes organiques.

L'ostéopathe est capable de sentir ces barrières, de les éliminer et de redonner aux tissus leur mobilité naturelle. Les barrières sont nombreuses dans le corps et les ostéopathes les différencient en leur attribuant un ordre. La barrière de premier ordre correspond au problème initial, autrement dit, au trouble qui est apparu le premier. À la suite du problème initial peut s'en développer un deuxième, c'est la barrière de second ordre, elle-même susceptible de favoriser le développement d'un nouveau trouble.

Dans l'exemple du rein, cet organe peut développer un trouble de premier ordre et constituer ainsi le désordre initial. Ce trouble peut ensuite provoquer une tension du muscle fléchisseur de la hanche (trouble du deuxième ordre), entraîner une mauvaise position du bassin (trouble du troisième ordre) et enfin, induire une tension dans la musculature du dos (trouble du quatrième ordre). Le patient ressent uniquement la barrière du quatrième ordre, autrement dit le mal de dos. Mais l'ostéopathe doit s'intéresser à la barrière de premier ordre et l'éliminer pour que le corps puisse à nouveau s'orienter correctement.

En règle générale, la barrière la plus importante est liée au trouble de premier ordre. Suivant les cas, il peut s'avérer nécessaire de traiter l'ensemble des barrières ou seulement une partie d'entre elles. Dans certaines circonstances, il suffit même de traiter la barrière la plus importante pour déclencher les capacités d'autoguérison en cascade. Qu'advient-il alors des barrières suivantes ?

Prenons l'exemple d'une équipe de football. Si vous êtes entraîneur d'une équipe faible, vous n'aurez jamais la possibilité de changer tous les joueurs. Aussi, remplacerez-vous uniquement les équipiers évoluant aux postes clefs. Votre équipe est comme « renouvelée » et fonctionne à nouveau de manière optimale.

De la même manière, l'ostéopathe s'efforce d'améliorer des positions essentielles et d'éliminer les barrières les plus importantes de l'organisme.

Les pierres dans le lit d'une rivière sont comparables aux barrières dans l'organisme : si les pierres font obstacle à l'eau, les barrières ralentissent la circulation des liquides organiques. Que l'on retire les pierres ou les barrières, et l'eau, comme les liquides organiques, peut à nouveau circuler librement.

De cette manière, le corps est en mesure de retrouver une orientation correcte, de rétablir l'équilibre et de laisser agir ses capacités d'autoguérison.

Les influx énergétiques

L'ostéopathe sait communiquer l'influx énergétique à l'endroit approprié pour libérer les capacités d'autoguérison comme dans un jeu de dominos.

Une pichenette au bon endroit suffit à faire s'écouler toute une rangée de dominos : l'impulsion première est déterminante ; une fois donnée, il n'y a plus à intervenir.

On peut transposer cet exemple au niveau du corps humain : en éliminant les barrières et en communiquant de l'énergie aux bons endroits, l'ostéopathe permet au corps d'enclencher de manière autonome ses mécanismes d'autorégulation et de rééquilibrage.

Rétablissement de la fonction

On ne le rappellera jamais assez : l'ostéopathe maîtrise l'anatomie, la physiologie et la biochimie ; il dispose donc des bases scientifiques nécessaires à la parfaite compréhension des fonctions organiques. Avec ses mains expertes, son regard exercé et son intuition, il peut rapidement cerner les problèmes existants.

À l'opposé d'autres thérapeutes toutefois, il n'intervient pas directement sur la fonction organique. Il faut s'imaginer le corps humain comme un gigantesque mouvement d'horlogerie, avec des roues dentées de tous les diamètres s'engrenant les unes dans les autres et œuvrant en synergie. Même la plus petite de ces roues dentées est importante. Si l'une d'entre elles est entravée dans sa course, cela peut avoir des répercussions plus ou moins graves sur l'ensemble du mécanisme, car les autres roues dentées peuvent être entravées dans l'exercice correct de leur fonction.

L'ostéopathe localise le rouage défectueux et lui redonne sa mobilité en le débarrassant, au sens figuré, de la rouille et de la poussière qui le freinent. L'ostéopathe agit comme l'ingénieur ou le mécanicien, mais il ne change toutefois pas les composants usagés : il se contente d'améliorer la fonction ou de la rétablir.

Pour être performante, l'équipe doit être composée d'individualités parfaitement intégrées dans le collectif. De manière analogue, le corps fonctionne de façon optimale lorsque tous les organes sont en harmonie.

Si l'un des composants est à ce point usagé qu'il doive être remplacé, il faut, dans notre exemple, recourir à la chirurgie.

Régulation de la circulation liquidienne dans le corps

«Panta rhei: tout s'écoule»: cet axiome du philosophe grec Héraclite décrivant un aspect de la vie peut s'appliquer tel quel au corps humain. Pour l'ostéopathe, la libre circulation des liquides dans le corps est indispensable à la santé. Pour garantir leur

Chaque organe du corps est un peu comme une roue dentée dans un engrenage. Que l'une des roues de ce mécanisme se grippe et ce sont toutes les autres roues qui ne peuvent plus fonctionner correctement.

progression le praticien rétablit l'équilibre dans les tissus et élimine les blocages et les barrières. Ainsi, le sang comme la lymphe peuvent à nouveau se déplacer librement dans leurs vaisseaux respectifs et les systèmes nerveux et immunitaire fonctionner sans problème. L'influx vital, ainsi délivré des obstacles et des barrières, peut à nouveau exercer pleinement son action et se consacrer tout entier à maintenir l'organisme en bonne santé.

La santé et la maladie vues à travers le prisme de l'ostéopathie

L'OMS (organisation mondiale de la santé) définit la santé comme «le bien-être corporel, moral et social de l'être humain». Cette définition a certainement de quoi étonner: elle accorde en effet une grande place à la subjectivité, alors que la médecine conventionnelle attache plus d'importance aux résultats objectifs, mesurables avec des appareils.

En tant que «système biologique ouvert», l'organisme est sensible à une multitude de facteurs perturbateurs. Comme nous l'avons vu plus haut, le corps s'efforce de maintenir un fragile équilibre combinant le mouvement, la régénération et le rythme. L'intestin, qui constitue 80% du système immunitaire, renferme des milliards d'auxiliaires pour l'aider dans cette tâche : ce sont les bactéries qui aident à transformer les aliments.

Difficile d'imaginer l'harmonie que doit maintenir le corps pour parvenir à se protéger de millions de facteurs perturbateurs. Pour accomplir cet exploit, il doit être en parfait état. De ce point de vue, il semble donc plutôt aléatoire d'arriver à conserver la santé, car l'énergie dépensée est bien plus grande que lorsqu'on est malade. Pour rester en bonne santé, l'organisme dispose de mécanismes de régulation extrêmement complexes chargés de corriger les défauts de fonctionnement du corps. Une loi naturelle veut que le corps s'efforce constamment, grâce à ses capacités d'autoguérison et d'autorégulation, de se maintenir en état de parfaite santé. Lorsque la maladie frappe, l'ostéopathe aide notre corps à apporter les corrections appropriées. La capacité à conserver la santé diffère d'un individu à l'autre et doit faire l'objet d'une attention permanente. C'est à chacun de nous qu'il appartient de seconder les mouvements et les rythmes naturels du corps, et de ne pas l'alourdir inutilement par un mode de vie nocif. Les découvertes de la physique ont grandement contribué à développer de nouveaux modèles de représentation des fonctions organiques. Grâce à la physique quantique, à la physique moléculaire, à la cybernétique et à la recherche sur le chaos, on a pu démontrer que les processus organiques étaient pilotés par des champs de force, des oscillations électromagnétiques, des rayonnements photoniques et que le corps dans son ensemble constituait un gigantesque système d'information. Les matériaux, ou si vous préférez les tissus, sont en fait autant de champs d'énergie.

L'organisme dispose d'un réseau de capillaires extrêmement ramifié chargé de fournir à chaque cellule du corps des substances nutritives et d'éliminer les déchets.

Les liquides doivent pouvoir circuler librement dans le corps, comme cette cascade.

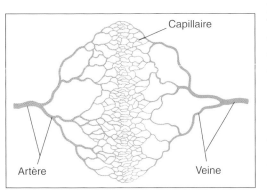

Capillaire

Artère

Veine

Comme ce mobile, le corps doit être en mesure de s'équilibrer par lui-même.

Une cellule n'est jamais malade isolément, l'organisme se mobilise toujours tout entier contre la maladie. Quel lien avec l'ostéopathie, vous direz-vous ? L'expérimentation et l'intuition ont permis aux fondateurs de cette discipline de poser un principe fondamental : l'être humain est une entité composée de liquides et de flux énergétiques, qui doit faire en sorte de conserver ses capacités à se gérer, se réguler et se guérir lui-même.

L'équilibre du corps

On peut se représenter le corps comme un mobile très précisément équilibré. Ce système n'est ni complètement stable, ni complètement instable. En mouvement, sous l'effet de différentes forces, il revient toujours au point d'équilibre lorsque celles-ci s'annulent. L'équilibre s'établit entre les structures qui le composent et les forces extérieures, forces dont le vent est l'une des principales composantes. Dans certaines circonstances, les forces d'autorégulation du système peuvent s'avérer inefficaces à certains endroits et entraîner des pertes d'équilibre partielles ou totales. En cas de rupture complète des mécanismes régulateurs (décompensation), le mobile s'écroule totalement.

Ostéopathie et médecine conventionnelle

Malgré des capacités de diagnostic toujours plus élaborées et des appareils toujours plus onéreux et plus sophistiqués, les patients se tournent de plus en plus vers les médecines alternatives, et ce, bien que le niveau des soins dans notre pays atteigne un niveau inégalé : les nouvelles formes de traitement proposées par la médecine moderne permettent de sauver des millions de patients. Avec l'accumulation des connaissances, la médecine conventionnelle est devenue si complexe qu'il existe même diverses spécialisations au sein d'une même spécialité.

Du point de vue de la médecine allopathique, ces subdivisions se justifient, car il n'est guère possible à un seul et même praticien d'embrasser divers domaines qui font chacun appel à tant de connaissances particulières. Mais c'est justement là que le bât blesse. Le principe d'unité du corps est nié. Dans sa course au progrès, la médecine allopathique s'attache aux détails et, au contraire de l'ostéopathie, elle n'observe que très rarement ou pratiquement jamais les principes d'unité du corps, situation stigmatisée par l'augmentation des affections, indispositions et douleurs chroniques, dont il est le plus souvent impossible de déterminer la cause, même avec les moyens les plus modernes.

L'ostéopathe n'est pas un faiseur de miracles

Malgré le succès de l'ostéopathie, il faut souligner que l'ostéopathe ne se considère pas comme un faiseur de miracles et qu'il n'en est évidemment pas un. Pour que la guérison soit complète, il faut absolument que les structures corporelles soient libérées des modifications ou détériorations qui empêchent l'organisme de se guérir ou de se régénérer. Cela s'applique bien sûr au plan physique, mais aussi au plan moral et intellectuel.

Différences entre médecine traditionnelle et ostéopathie

Le tableau montre les différences d'approches entre médecine classique et ostéopathie. Les principes ostéopathiques s'appliquent également à des disciplines qui lui sont complémentaires, comme l'acupuncture ou l'homéopathie.

	LA MÉDECINE ALLOPATHIQUE	L'OSTÉOPATHIE
S'INTÉRESSE ESSENTIELLEMENT	À LA MALADIE	À LA SANTÉ
APPROCHE THÉRAPEUTIQUE	Lutte contre la maladie et contre les symptômes, guérison de l'extérieur	Activation des capacités d'autoguérison, renforcement de l'autorégulation, guérison de l'intérieur
DIAGNOSTIC	Détérioration de la cellule par des agresseurs pathogènes	Perte des capacités d'autorégulation du corps
TRAITEMENT DU SYSTÈME ORGANIQUE	Suppression des facteurs nuisibles pour le système	Renforcement du système

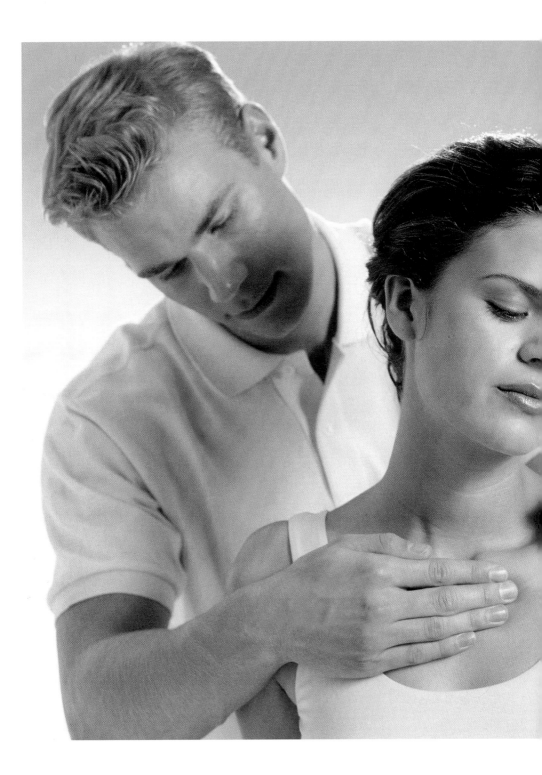

Visite chez l'ostéopathe

La visite chez l'ostéopathe ne se différencie à première vue guère d'une visite chez le médecin traitant, pourtant, les différences dans la manière de procéder sont grandes. L'ostéopathe s'intéresse très précisément à vos antécédents et vous examine sous toutes les coutures, quelle que soit l'affection que vous présentiez. Dans certains cas, il traite des parties du corps qui n'ont, a priori, aucun rapport avec vos douleurs, mais ces régions peuvent toutefois jouer un rôle déterminant pour la disparition de vos problèmes.

L'interrogatoire

Pour comprendre votre problème, l'ostéopathe vous posera des questions complexes ; il s'intéressera très précisément à vos antécédents et à certains événements en particulier. Ainsi, des chutes, des blessures, des opérations, des cicatrices ou des infections à vos yeux insignifiantes susciteront chez lui un vif intérêt.

L'ostéopathe s'intéresse aux événements à caractère « banal », et notamment aux chutes, blessures, cicatrices ou infections anciennes.

lement le cadre de vie, les facteurs de stress, les conditions de travail, les habitudes alimentaires et les activités physiques couramment pratiquées.

Dans l'ensemble toutefois, les ostéopathes n'ont pas tous la même manière de travailler et certains n'emploient pas de questionnaires.

Le questionnaire ostéopathique

De nombreux ostéopathes disposent d'un questionnaire destiné à couvrir avec précision vos troubles et vos antécédents. Ainsi, ils sont sûrs de disposer de toutes les données importantes vous concernant. Vous pouvez décrire les choses à votre manière, le thérapeute n'intervient pas encore directement à ce stade de la visite.

À titre d'exemple, nous avons reproduit pages 88 et 89 un questionnaire type sous forme abrégée. Après la première visite, il se peut que votre ostéopathe vous remette d'autres questionnaires à remplir chez vous. Ils concernent généra-

Le dialogue pour cerner le problème

À la lecture du questionnaire, vous aurez certainement remarqué quelques questions insolites sans lien direct avec vos troubles. Pendant le dialogue également, le praticien vous interrogera sur des événements oubliés ou qui vous semblent insignifiants. Quelle différence entre l'interrogatoire de l'ostéopathe et l'entretien avec le médecin traitant ? L'ostéopathe pose de nombreuses questions que ce dernier pourrait également poser.

Rien de plus normal, car la médecine traditionnelle et l'ostéopathie partagent les mêmes bases. Les différences, souvent importantes, résident dans le caractère rigoureux et systématique des questions.

Avant de procéder à l'examen proprement dit, l'ostéopathe interroge le patient de manière très précise sur ses antécédents médicaux.

● Pour l'ostéopathe, les événements les plus anciens de votre passé, comme de bénignes foulures, des chutes depuis longtemps oubliées, d'anciennes opérations, de vieilles cicatrices ou des inflammations depuis longtemps guéries peuvent contenir des informations primordiales pour votre problème actuel.

● Vous remarquerez que les questions posées couvrent tous les domaines, médecine interne, orthopédie, urologie, gynécologie et d'autres spécialités encore. L'ostéopathe ne raisonne pas par discipline, mais de manière globale. La défaillance d'un organe, même insignifiante, peut entraver le bon fonctionnement de grands organes très éloignés de ce dernier. Un trouble relevant à l'origine de la médecine interne peut se manifester des années plus tard sous forme d'une complication orthopédique. L'ostéopathe ne cloisonne pas le corps par spécialités. Mais pour mieux comprendre cette philosophie, voyons maintenant deux exemples concrets.

Relation entre maux de tête et utérus

Un ostéopathe reçoit une patiente pour des maux de tête. En l'examinant, il constate que la phase d'afflux du liquide céphalo-rachidien dans le crâne est moins marquée que la phase de résorption (phénomènes que nous verrons plus en détail page 41) et qu'une traction importante est exercée sur la dure-mère. Cette membrane, qui tapisse la boîte crânienne et le canal vertébral, s'insère sur la base de l'occiput et sur le sacrum, à l'extrémité inférieure de la colonne vertébrale. Une traction de

L'ostéopathe ne se limite pas à certains domaines et s'intéresse aux problèmes actuels et passés du patient à plusieurs niveaux : médecine interne, orthopédie, gynécologie, neurologie, etc.

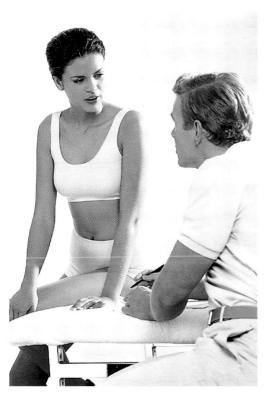

L'utérus est relié à de nombreux organes et au pelvis par des ligaments et par le paramètre (tissu conjonctif)

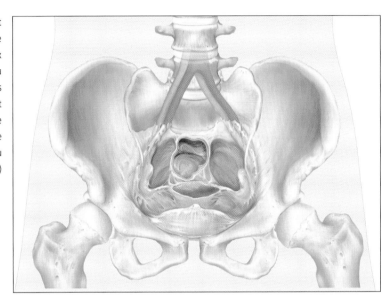

ce type peut rompre l'équilibre des tissus.

Situé à la partie inférieure de la colonne vertébrale, le sacrum est lui-même relié à l'utérus par des ligaments. Si l'ostéopathe apprend dans le questionnaire ou au cours de l'interrogatoire que la patiente a subi une opération gynécologique, la boucle est bouclée. Dans le cas présent, une lésion fonctionnelle a pu se transmettre par une réaction en chaîne depuis l'utérus à l'articulation sacro-iliaque et au système nerveux, et déclencher ainsi les maux de tête.

Des symptômes similaires pourraient également être provoqués par une inflammation, une chute avec déplacement des os du bassin ou encore une position anormale de l'utérus.

Relation entre maux de tête et foulure

En interrogeant un patient venu consulter pour des maux de tête, l'ostéopathe découvre qu'il s'est fait une foulure sans gravité de la cheville, il y a quelque temps. Si le cartilage et les ligaments ne sont pas touchés, ces entorses bénignes guérissent assez vite. Toutefois, bien que l'on ne ressente plus aucune douleur après peu de temps, une lésion ostéopathique a très bien pu s'installer, suite à un dérèglement de la mécanique corporelle.

Du point de vue ostéopathique, l'entorse tire le péroné vers le bas. Si le corps ne rétablit pas de lui-même l'équilibre, le péroné peut conserver sa position affaissée et tirer légèrement, mais de manière permanente, sur le muscle fléchisseur du genou à l'arrière de la cuisse, et ce, durant des mois, voire des années. Ce muscle étant rattaché à la hanche, le côté correspondant du bassin est obligatoirement tiré vers le bas. Au bout de quelques mois ou de quelques années, cette situation peut entraîner

un blocage de l'articulation sacro-iliaque.

Après ce que nous venons de voir, vous comprendrez certainement pourquoi une banale entorse peut, à plus ou moins long terme, provoquer des douleurs dans le dos ou des maux de tête.

Supposons maintenant que le patient soit soumis au stress, qu'il fasse peu d'exercices physiques et qu'il se nourrisse mal. Ses capacités d'autoguérison seront tout simplement dépassées. La mauvaise position du bassin pourra modifier les mécanismes de la colonne vertébrale. La tonicité musculaire et la tension du tissu conjonctif se modifieront, entraînant des douleurs dans les reins ou des maux de tête. Mais quel malade souffrant de maux de tête penserait à une vieille entorse depuis longtemps guérie ? L'ostéopathe, pour qui l'enchaînement des événements est primordial, recherche les relations de cause à effet et les éventuels déséquilibres de certaines zones de tissus, qui lui permettent de détecter rapidement l'existence d'anciens traumatismes.

Désormais, il ne devrait plus vous sembler illogique que votre ostéopathe traite l'un de vos pieds et mobilise votre colonne vertébrale, alors que vous êtes venu le consulter pour de simples maux de tête.

Pour l'ostéopathe, les événements s'enchaînent, ce qui peut l'amener à traiter le pied du patient pour faire disparaître des symptômes tels que des maux de tête.

Même après des mois ou des années, les entorses peuvent se traduire par des troubles organiques, notamment dans la région du dos ou de la tête.

L'examen et le traitement

L'ostéopathe vous examinera avec attention de la tête aux pieds. Pour cet examen, il vous demandera de vous mettre en sous-vêtements. Après avoir examiné votre corps de dos, de face et de côté, ainsi que la position de certaines parties du corps les unes par rapport à autres, il analysera la manière dont vous vous tenez, ainsi que la manière dont vous prenez appui au sol et dont vous marchez. Après vous avoir examiné debout et assis, il vous fera allonger pour étudier les différentes zones et couches de tissus, afin de vérifier les déséquilibres, les tensions existantes, la coordination des muscles et le flux des liquides. Ensuite, il examinera les trois systèmes ostéopathiques décrits ci-après.

blement liées, mais on peut considérer certaines zones comme des sous-ensembles. Le schéma est identique à celui d'une voiture : si la carrosserie, le moteur, le système électrique, l'équipement intérieur et les organes de commande forment des sous-ensembles distincts, toutes ces parties doivent toutefois fonctionner correctement en même temps.

Par un processus de filtrage, l'ostéopathe recherche les éventuelles anomalies des différents systèmes et s'efforce de déceler le problème

Les trois systèmes ostéopathiques

Les trois systèmes ostéopathiques – pariétal, crânio-sacré et viscéral – correspondent aux trois zones anatomiques du corps. Toutes les parties de l'organisme sont indissocia-

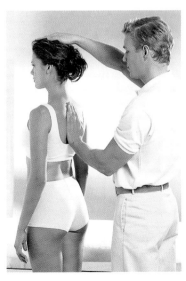

L'ostéopathe s'attache à déceler les déséquilibres au niveau des tissus.

initial, que l'on appelle aussi lésion de premier ordre.

Cette lésion de premier ordre peut entraîner dans l'organisme d'autres lésions, qui seront de deuxième, troisième, quatrième ordre, et ainsi de suite. Après s'être fait une idée de l'état général de votre organisme, l'ostéopathe inspectera plus avant les zones présentant un problème. S'il a constaté un dérèglement dans la partie supérieure droite de l'épigastre, par exemple, il procédera alors à l'examen de toutes les structures de cette zone afin d'identifier la lésion de premier ordre. En reprenant notre exemple automobile, lorsque l'on voit la lampe témoin du circuit de freinage s'allumer, c'est le symptôme d'une défaillance du deuxième ordre. On ne décide pas alors pour autant de changer la lampe témoin et l'on recherche plutôt l'origine de la panne. En d'autres termes, on recherche la défaillance de premier ordre, qui peut se cacher dans les organes de freinage, les conduites ou tout autre équipement du circuit de freinage. Les trois systèmes anatomiques sont reliés par les fascias. Ces structures fibro-adipeuses évoquées plus haut (voir page 22) sont très importantes, car elles peuvent contribuer à propager une lésion dans tous les compartiments anatomiques.

Système pariétal

Le système pariétal (du latin «paries», paroi) désigne le système de soutien du corps humain. Ce dernier regroupe les os, les muscles et leurs enveloppes, les articulations, les ligaments et les tendons. Véritable charpente de l'organisme, le système pariétal assure la stabilité et la mobilité de l'organisme.

Os, muscles, tissus conjonctifs, articulations, ligaments et tendons forment le système pariétal.

Pour remplir son rôle de manière optimale, il doit être à la fois robuste et élastique. C'est pourquoi le programme d'autotraitement (voir page 61) met autant l'accent sur la stabilité et la mobilité du corps.

Si le docteur Still a développé sa méthode de traitement à partir du système pariétal, ses disciples et les générations suivantes d'ostéopathes lui ont ensuite adjoint les thérapies des systèmes viscéral et crânio-sacré. Interpellé par les os et leurs tissus mous, le docteur Still en fit la base de sa philosophie ostéopathique. Partant de l'étude de la position des os, il apprit à déceler les déséquilibres des tissus musculaires et conjonctifs, ainsi que des tendons, des capsules et des ligaments articulaires. L'accumulation ou la mauvaise répartition des liquides dans le corps peuvent être la cause ou le résultat de tensions dans les tissus ou de déplacements osseux. Pour guérir les lésions du système pariétal, l'ostéopathe dispose d'un grand nombre de techniques lui permettant à chaque fois de traiter de manière ciblée les tissus concernés. Les chiropracteurs et les spécialistes de la rééducation fonctionnelle interviennent, eux aussi, au niveau du système pariétal, mais avec d'autres techniques.

Le système pariétal est le point de départ de toute thérapie ostéopathique.

Système crânio-sacré

Le système crânio-sacré (du latin « cranium », crâne et « os sacrum », os sacré ou sacrum) comprend le crâne, le système nerveux central et périphérique, la moelle épinière et les nerfs avec leurs enveloppes respectives, ainsi que le liquide céphalo-rachidien et le sacrum. La technique crânio-sacrée a été mise au point entre 1930 et 1940 par un élève du docteur Still, le docteur Sutherland (1873-1954). Elle a rencontré un tel succès sur le plan thérapeutique qu'elle a pris une importance considérable et de nombreux thérapeutes en ont fait leur spécialité. Cette évolution est considérée d'un œil critique par nombre de thérapeutes, car la thérapie crânio-sacrée est une composante de l'ostéopathie que l'on ne peut considérer de façon isolée sans violer le principe d'unité du corps.

La découverte du système crânio-sacré résulte de l'observation faite par le docteur Sutherland sur le mouvement périodique qui anime le liquide céphalo-rachidien (LCR) lorsqu'il circule dans le crâne et la moelle épinière, comme les mouvements de la mer lors du flux et du reflux. Les pulsations (6 à 12 par minute) sont possibles grâce à l'élasticité des os du crâne, qui accompagnent les phases d'afflux et de résorption d'une petite quantité

Excellent ostéopathe et disciple de Still, le docteur Sutherland a posé les bases du système crânio-sacré.

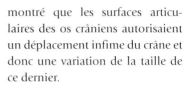

Le crâne, le sacrum, le système nerveux central et périphérique, le cerveau et le liquide céphalo-rachidien font partie du système crânio-sacré.

de LCR. Si au cours de la phase d'afflux, le crâne s'étire en largeur et se comprime en longueur de manière infime, c'est l'inverse qui se produit durant la phase de résorption. En fait, le crâne se compose de plusieurs os reliés entre eux par des biseaux (ou sutures). Contrairement à l'avis communément admis en médecine classique, selon lequel les os du crâne seraient soudés les uns aux autres, des chercheurs américains ont démontré que les surfaces articulaires des os crâniens autorisaient un déplacement infime du crâne et donc une variation de la taille de ce dernier.

Les mouvements ténus et très rythmés du LCR dans le cerveau entraînent des mouvements analogues au niveau du sacrum. Le rythme crânio-sacré est palpable dans tous les tissus à un degré moindre. Le système crânio-sacré permet d'observer les baisses de mobilité des tissus, les tensions excessives et les déséquilibres, ces derniers modifiant le rythme, l'intensité et la qualité de l'écoulement du LCR.

Le docteur Sutherland a attribué une telle importance au rythme crânio-sacré qu'il a forgé l'expression « mouvement respiratoire primaire » (CRI ou Cranial Rythmic Impulse en anglais). Pour lui, la respiration pulmonaire constituait même le « mouvement respiratoire secondaire ».

L'expression « mouvement respiratoire primaire » souligne l'importance du mouvement rythmé de l'ensemble du système nerveux : ce dernier commande en effet la respiration pulmonaire et les autres échanges tissulaires.

Système viscéral

Le développement de l'ostéopathie viscérale est principalement à por-

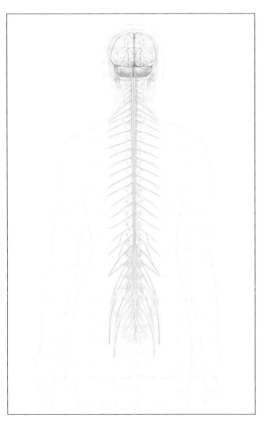

Le système viscéral regroupe les organes internes, avec leurs gaines et leurs systèmes vasculaire et nerveux.

ter au crédit d'un ostéopathe français nommé Jean-Pierre Barral. Le système viscéral se compose des organes internes avec leurs lames de tissus conjonctifs et leurs feuillets, avec les systèmes sanguin, lymphatique et nerveux correspondants. Les ostéopathes ont découvert un rythme analogue au rythme crânio-sacré : le rythme viscéral. Parfois appelé motilité, il correspond au rythme propre des organes internes. Cette mobilité interne obéit à un rythme de 6 à 7 pulsations par minute. Elle est indépendante des mouvements de la respiration pulmonaire, de la fréquence du pouls et de l'onde péristaltique (cheminement des matières dans le gros intestin). La plupart des organes internes sont suspendus et fixés à la cavité abdominale par des faisceaux tissulaires garantissant leur mobilité maximale. Les organes étant très serrés et possédant de multiples points de contact avec d'autres structures, il est essentiel pour leur bon fonctionnement qu'ils disposent d'une capacité absolue de mouvement et de glissement les uns par rapport aux autres, comme dans le cas des reins (voir page 23).

La capacité de glissement d'un organe peut être restreinte suite à une inflammation, une opération, une dilatation ou une tension excessive des tissus avoisinants.

La modification des tensions à l'endroit des orifices de passage des vaisseaux sanguins et des nerfs dans le tissu conjonctif de la cavité abdominale peut modifier la vascularisation et la capacité de transmission des nerfs. Les mauvaises habitudes alimentaires, le stress, le manque d'exercice et d'autres facteurs environnementaux se réper-

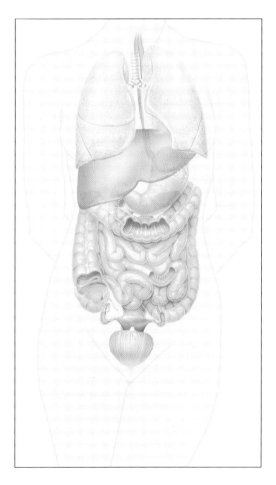

Principe

ostéopathique

L'ostéopathe traite des patients et non des symptômes. C'est pourquoi il est impossible de faire correspondre un traitement à une affection particulière. L'origine des troubles dont souffre une personne peut être totalement différente d'un individu à l'autre.

cutent par ailleurs aisément sur les organes internes.

Dans le traitement ostéopathique, nous accordons une grande importance à l'intestin grêle sur le plan énergétique. C'est pourquoi nous mettrons l'accent sur cet organe dans le programme d'autotraitement. En effet, il ne faut pas oublier que l'intestin grêle contrôle l'assimilation des aliments par l'organisme et qu'il exerce de ce fait un rôle déterminant sur nos performances. Les perturbations de l'appareil intestinal peuvent entraîner des troubles, mais aussi faire baisser nos performances.

Le traitement

Admettons qu'il puisse paraître surprenant de voir un ostéopathe examiner puis manipuler la tête d'un patient venu le consulter pour un mal de dos. Toutefois, il s'agit tout simplement de l'application d'un principe évoqué au début, à savoir que le symptôme (la douleur) ne procède pas obligatoirement de l'endroit où ce symptôme ou cette douleur se manifeste. Tout l'art de l'ostéopathe consiste, en s'appuyant sur de solides connaissances d'anatomie, de physiologie et de biomécanique, à découvrir les liens de cause à effet des troubles affectant l'organisme. Pour l'ostéopathe, l'important ce n'est pas votre symptôme (votre douleur), mais la cause initiale qui peut se situer à n'importe quel endroit du corps. Car les douleurs que l'on fait disparaître avec une piqûre ou des médicaments sont généralement appelées à réapparaître souvent.

Nous allons maintenant voir les techniques les plus couramment employées. Elles s'accompagnent d'une multitude d'autres techniques, qui sont d'ailleurs souvent des variantes des méthodes principales. Le choix de la technique appropriée dans votre cas particulier appartient à votre ostéopathe. Pour traiter une lésion des tissus, il existe toujours plusieurs

La douleur peut être située très loin de l'origine de l'affection dont vous souffrez. Aussi, dans certains cas, aurez-vous du mal à comprendre pourquoi l'ostéopathe examine et traite telle ou telle partie de votre corps.

approches possibles, et par conséquent, différentes techniques.

Nous verrons tout d'abord des techniques relevant dans une très large
mesure du système pariétal. C'est le
cas plus particulièrement des techniques lymphatiques et myofas-
ciales, ainsi que des techniques faisant appel aux points réflexes et des
techniques du système nerveux.
Dans la pratique, ces techniques
sont le plus souvent combinées.

Mobilisation (des articulations) par impulsion

Cette technique semblera proba-
blement familière aux patients qui
ont déjà consulté un chiropracteur.

Connue aux États-Unis sous le
sigle HVLA (High velocity, low amplitude; en français «grande vi-
tesse, faible amplitude»), elle
consiste à imprimer avec une
courte amplitude une impulsion
très rapide à une articulation
(coude, genou et, le plus souvent,
colonne vertébrale). On entend
parfois un déclic, ce qui ne signifie
pas pour autant la réussite de la
manœuvre. Dans quel cas cette
technique est-elle employée? Rarement, mais de manière ciblée et
surtout lorsqu'une articulation est
limitée dans sa course naturelle et
que le blocage qui s'est installé est
très difficile à supprimer par les
autres techniques. Une mauvaise
position de l'articulation peut per-

L'impulsion est
une sorte de
coup retenu
porté très
rapidement et
de très près
sur une
articulation
bloquée de
façon à
ménager le
plus possible
les tissus.

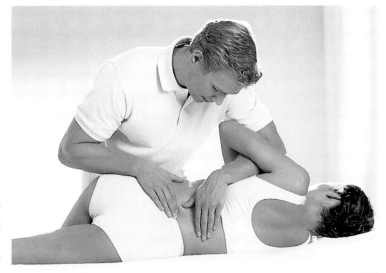

Mobilisation
par impulsion
pour libérer
un segment
bloqué de la
colonne
vertébrale.

durer suite à des tensions installées dans les muscles, les tendons ou les fascias voisins. L'ostéopathe peut alors libérer ce blocage par une courte impulsion.

Cette technique est réservée à la libération de blocages très sérieux. La plupart du temps, elle est couplée avec d'autres techniques sur les tissus mous.

Libération du segment L3/4 de la colonne vertébrale

En cas de blocage du côté gauche, l'ostéopathe fait allonger le patient sur le côté droit (photo de gauche, page précédente) et le fait se tourner de sorte à éloigner légèrement le buste de lui et à rapprocher le bassin vers lui. Dans cette position, le corps vertébral au-dessus et au-dessous du segment traité est verrouillé, un accompagnement inopportun du mouvement par le patient est par conséquent exclu. En renforçant la tension musculaire, l'ostéopathe crée une pré-tension dans la direction de l'articulation bloquée puis libère par une impulsion très faible, suivie éventuellement d'un «déclic», l'articulation de son blocage.

Technique d'énergie musculaire

Surtout utilisée pour décontracter les muscles ou leur redonner leur tonus, elle permet également de traiter certains problèmes au niveau des articulations, des fascias ou des ligaments. Une contracture musculaire peut provoquer de multiples dérèglements dans l'organisme. Cette technique fonctionne selon le principe de contraction-relaxation et exige la participation active du patient. Lorsqu'un muscle est contracté pendant plusieurs secondes, il s'ensuit une période automatique de relaxation que le thérapeute utilise pour le traitement.

La technique d'énergie musculaire fait appel au principe contraction-relaxation pour libérer une articulation, un muscle ou ligament.

Relâchement de la colonne dorsale
Prenons maintenant le cas d'un patient souffrant d'un pincement au niveau d'une vertèbre de la colonne dorsale, avec mobilité réduite. Pour tenter de protéger la vertèbre, la musculature se tend de manière douloureuse.

Le patient ne peut se tourner et se pencher vers la droite qu'avec difficulté. Le blocage s'est installé vers la gauche, alors que les mouvements de torsion vers la droite et d'extension posent moins de problèmes. L'ostéopathe fait asseoir le patient et le place délicatement dans la direction du blocage, autrement dit, il le fait tourner vers la gauche et se pencher en avant de ce même côté. Le thérapeute « ausculte » le blocage avec le pouce sans obliger son patient à prendre une position douloureuse. Dans cette position délicatement maintenue, le patient tend les muscles dans la direction libre non bloquée, en l'occurrence vers la droite : il ne modifie aucunement sa position et résiste simplement au thérapeute en contractant sa musculature. Après une phase de contraction, d'environ 5 secondes, suit automatiquement une brève phase de relaxation musculaire pendant laquelle le thérapeute peut ramener le corps vertébral plus près de l'état normal et déplacer ainsi le blocage vers la droite.

La technique d'énergie musculaire a été fondée aux États-Unis par le docteur Fred L. Mitchell.

La technique de libération myofasciale libère les tensions de la musculature et du tissu conjonctif.

Après deux manœuvres de ce type, la musculature est légèrement étirée. À la fin du traitement, le muscle et le corps vertébral ont retrouvé leur fonctionnement normal et le patient peut se mouvoir librement dans toutes les directions.

Techniques myofasciales

Ces techniques sont employées pour rétablir une tension normale des muscles et du tissu conjonctif. Elles consistent à exercer sur les muscles ou sur les tissus conjonctifs une délicate pression afin de provoquer un allongement, une compression ou une torsion. Normalement, les tensions disparaissent et le corps reprend son état d'équilibre.

Le tissu conjonctif réticulé est doté d'une certaine visco-élasticité : s'il se déforme lorsqu'il est sollicité par une pression ou une traction lente et de faible intensité, dès lors qu'il est soumis à une pression ou une traction rapide et de grande intensité, il oppose une résistance qui lui permet de conserver sa stabilité.

Normalisation des tensions anormales dans la région de la colonne dorsale

Prenons le cas d'un patient présentant une tension anormale des muscles et de leurs fascias dans la région de la colonne dorsale. Après l'avoir examiné, l'ostéopathe lui demande de se coucher sur le ventre ; il pose alors ses mains à plat sur les muscles et les fascias du patient, des deux côtés de la colonne dorsale. Par de petits mouvements très lents et très doux de pression, de traction ou de torsion, il imprime aux tissus conjonctifs des mouvements fluides qu'il accompagne jusqu'à ce que l'ancien état d'équilibre soit rétabli et que les tensions soient éliminées.

Technique strain-counterstrain

Traduit de l'américain, c'est la technique de tension-contretension. Un muscle dans un état de tension anormal peut générer des points réflexes douloureux en certains endroits du corps. Pour relâcher cette tension, l'ostéopathe place le patient dans une position qui soulage les tissus voisins du point réflexe et rend ce dernier presque indolore. En maintenant la position une à deux minutes, il déclenche des processus réflexes propres au corps capables de normaliser le muscle concerné.

État douloureux de la colonne lombaire

Prenons maintenant le cas d'un patient souffrant d'un point réflexe douloureux de la colonne lombaire, sous le nombril, environ 5 cm sur le côté, dans la zone des fascias musculaires.

Pour soulager le point douloureux, le thérapeute place les jambes du

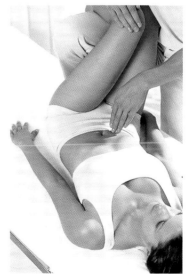

La technique de tension-contretension permet de traiter les points douloureux des muscles et des fascias.

La technique «strain-counterstrain» a été inventée dans les années soixante-dix par le docteur Lawrence Jones.

patient sur sa cuisse en ramenant le côté touché vers lui. Ensuite, il contrôle la sensation et la douleur provoquées par les tissus à l'endroit du point réflexe et maintient 90 secondes la position qui procure le meilleur relâchement. Lorsque la manœuvre est réussie, le point réflexe doit être indolore.

Techniques lymphatiques

La circulation lymphatique est d'une importance cruciale pour l'évacuation des scories et pour le système immunitaire. Composé notamment de cellules et ganglions lymphatiques, du thymus, de la rate et des amygdales, le système lymphatique a pour principale mission de produire des cellules immunitaires censées contrer l'évolution des maladies. Mais il a aussi une autre mission importante, à savoir l'évacuation des graisses de l'intestin et le drainage de l'excès de liquide interstitiel. Si le système circulatoire est commandé par la pompe du cœur, l'évacuation de la lymphe repose pour l'essentiel de manière indirecte sur les contractions musculaires des tissus avoisinants, sur la pression du sang dans les vaisseaux et sur les mouvements respiratoires. Les processus pathologiques ont souvent pour corollaire de perturber le système lymphatique, de petites tensions anormales suffi-

sant en effet à entraver la circulation de la lymphe. C'est pourquoi les ostéopathes accordent toujours une grande importance au système lymphatique et sont souvent amenés à utiliser ces techniques. D'autres techniques spéciales sont employées dans les zones à lames fibreuses transversales, qui constituent des goulots d'étranglement naturels. On trouve ces lames dans le crâne, dans la partie supérieure délimitant la cavité thoracique, à la transition des cavités thoracique et abdominale (diaphragme) et dans la région du plancher pelvien. Par le biais de pressions douces sur les tissus, de vibrations, d'oscillations délicates et de petites impulsions, les techniques lymphatiques éliminent les tensions anormales dans les lames et les tissus conjonctifs. L'activité physique, les exercices ostéopathiques et les techniques respiratoires ont un rôle important dans la stimulation du système lymphatique. Quelques-unes de ces techniques très efficaces peuvent être réalisées par le patient lui-même.

En règle générale, les ostéopathes s'intéressent de plus en plus aux techniques lymphatiques. Nous aussi pensons qu'elles sont très importantes dans le traitement et c'est pourquoi nous leur avons accordé une place toute particulière dans le programme d'autotraitement (voir page 81).

Les techniques lymphatiques occupent une place de choix dans la philosophie ostéopathique, particulièrement depuis ces toutes dernières années. L'un des principaux pionniers dans ce domaine est le docteur français Bruno Chikly.

C'est alors qu'il termine en 1897 ses études d'ostéopathie sous la direction de Still que Chapman reconnaît l'importance du système lymphatique et découvre certains points réflexes (plus tard appelés points de Chapman) susceptibles de le stimuler.

Technique de libération du plancher pelvien

Pour illustrer ce qui précède, étudions maintenant une technique lymphatique spécifique. L'ostéopathe décèle une limitation de la musculature du plancher pelvien sur le côté gauche. Celle-ci ne se déplace plus vers le bas ni vers le haut de manière symétrique avec la respiration. La pression anormale exercée peut alors entraver le fonctionnement des vaisseaux lymphatiques.

Le patient est allongé sur le dos. Le thérapeute lui fait relever la jambe gauche et place sa main gauche sur la musculature du plancher pelvien, à côté de la tubérosité ischiatique gauche. Avec la main droite posée sur la gauche du diaphragme, le thérapeute guide l'amplitude des mouvements d'inspiration et d'expiration du patient. Suivant le traumatisme musculaire, il exerce une pression opposée ou aide la musculature à glisser vers le haut ou vers le bas jusqu'à normalisation.

Premier diplômé de l'Osteopathie College de Kirksville en 1987, le docteur Chapman a posé les bases des techniques lymphatiques.

Techniques d'action sur le système nerveux

On distingue le système nerveux central et le système nerveux végétatif. Le premier, qui obéit à la volonté, commande la musculature squelettique. Le second, qui fonctionne en grande partie de manière inconsciente et involontaire, commande les organes internes et les glandes.

Ce dernier se subdivise en deux parties, le sympathique et le parasympathique. Si le sympathique est responsable de l'activité ainsi que des comportements de chasse et de fuite, le parasympathique pilote le repos, la détente et la digestion. L'un et l'autre doivent fonctionner de manière parfaitement équilibrée et harmonieuse. Tout

Les techniques lymphatiques assurent une meilleure circulation des liquides dans les tissus.

déséquilibre, en particulier une hyperactivité du sympathique, peut entraîner divers troubles au niveau des organes ou des tissus, ou encore une élévation du tonus musculaire.

Technique de mobilisation des côtes
C'est l'une des techniques qui permet d'agir sur le système nerveux. Le thérapeute est assis à côté du patient, qui est couché sur le dos ; il glisse la main droite à plat entre la table d'examen et le dos du patient, puis soulève légèrement les côtes du bas de la colonne vertébrale en exerçant une petite pression vers le haut sur les tissus. Ensuite, il tire délicatement sur les tissus vers l'extérieur. L'effet de traction est renforcé par sa main gauche qui est posée sur le devant de la cage thoracique, près du sternum.
Cette technique a pour effet de soulager les nombreuses cellules nerveuses sympathiques situées derrière les tubérosités des côtes

(articulations avec le corps vertébral), qui réduisent alors leur activité. Elle a également pour effet d'améliorer la circulation lymphatique et la mobilité des côtes, et aussi de faciliter la respiration.

Technique de compensation des ligaments et des membranes

Les ligaments et les membranes conjonctives assurent la stabilité des articulations. Dans des circonstances normales, elles sont parfaitement équilibrées, mais en cas de traumatisme, notamment une chute, un coup ou une traction d'une autre articulation ou d'autres organes, l'une des insertions ligamentaires peut être soumise à une plus forte tension que l'insertion opposée. L'ostéopathe doit alors exercer une traction, une pression ou une torsion des tissus afin d'instaurer une tension exactement contraire le long du ligament.
Après quelque temps, les réflexes autonomes commandés par le système nerveux entraînent la libération des tensions et le retour à l'équilibre du ligament.

Technique de compensation de la membrane conjonctive des articulations péronéo-tibiales
Ces liaisons essentielles entre l'articulation de la cheville et du genou sont soumises à de multiples per-

La technique de compensation des membranes permet de normaliser les tensions de la membrane conjonctive des articulations péronéo-tibiales.

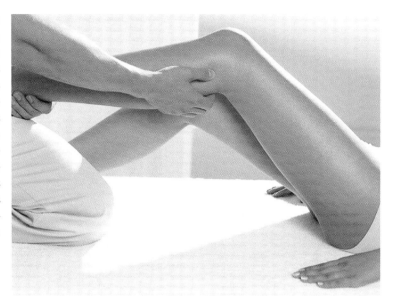

turbations. Pour les corriger, le thérapeute tend les tissus vers la tête du péroné tout en immobilisant cette dernière et le talon d'Achille, afin de créer une tension antagoniste et d'obtenir un état de parfait équilibre de la membrane. Si ce point d'équilibre est maintenu assez longtemps, l'apparition de réflexes autonomes entraîne le relâchement de la membrane et la stabilisation complète de toutes les structures. Pour illustrer cette technique par une image, comparons les articulations à un élastique fixé à ses deux extrémités. Lorsque l'on tire sur l'extrémité de droite, il règne une tension plus élevée dans la partie correspondante. Pour rétablir l'équilibre, il faut exercer une contre-tension équivalente dans la partie opposée. Résultat : même si la tension qui règne dans l'élastique tout entier reste élevée, les forces dirigées vers la droite et la gauche s'annulent.

Utilisation des points réflexes

L'ostéopathe utilise plusieurs points réflexes dans son traitement. Lorsque les organes, les muscles, les fascias ou les ligaments sont atteints par certains troubles, ces points, particulièrement douloureux, apparaissent à la surface de la peau et permettent de localiser les structures touchées. En traitant ces derniers, il est possible d'obtenir de nettes améliorations au niveau de ces structures.

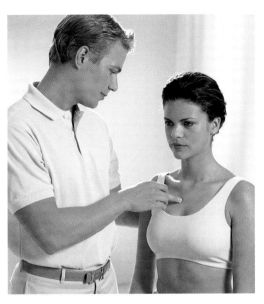

Les points réflexes de Chapman permettent d'agir sur les dysfonctions d'organes importants.

Suivant le cas, l'ostéopathe pourra apaiser ou stimuler ces points en exerçant des pressions, des vibrations plus ou moins fortes ou un lissage des tissus.

Ces ensembles de points réflexes confirment une fois de plus l'interpénétration de tous les systèmes cellulaires et la nécessité, en cas d'état douloureux d'une structure organique donnée, d'examiner le corps tout entier.

Points réflexes de Chapman

Pour illustrer cette technique, étudions à présent les points réflexes neurolymphatiques fondamentaux découverts par Chapman. Ces points deviennent douloureux suite à des dysfonctions des organes internes ou des glandes.

Dans le programme d'autotraitement, nous avons sélectionné quelques-uns de ces points pour les principaux organes de la digestion (voir page 87).

Prenons le cas d'un patient souffrant de troubles dans la région de l'œsophage. L'ostéopathe localise les points situés près du sternum dans l'espace entre les 2e et 3e côtes, ainsi que les points situés sur la 2e vertèbre dorsale. Ensuite, il appuie 30 secondes sur chacun de ces points, l'un après l'autre. Cette manœuvre peut très bien provoquer une sensation désagréable, mais qui disparaît immédiatement si le traitement est réussi.

Le concept de circulation crânio-sacrée a donné naissance à une multitude de techniques.

Les techniques crânio-sacrées

Dans la partie consacrée au système crânio-sacré, nous avons abordé différents sous-domaines de l'anatomie, notamment le sacrum, le crâne, le système nerveux central et périphérique, ainsi que le cerveau et la moelle épinière avec leurs enveloppes conjonctives. Bien que le traitement concerne le plus souvent le crâne, la colonne vertébrale et le sacrum, le rythme crânio-sacré est perceptible à partir de toutes les parties du corps.

Durant la thérapie, l'ostéopathe s'efforce de normaliser la répartition du LCR et le rythme crânio-sacré par de petites impulsions et de petites pressions ciblées. Dans certaines techniques, les pressions exercées sont si douces que le patient les perçoit à peine. Le maintien de l'harmonie du mouvement respiratoire primaire est essentiel pour la santé du patient et forme l'essence même du traitement. Les nerfs crâniens quittent les os du crâne par des orifices de sortie ou «fenêtres» pour véhiculer les messages nerveux vers la tête, le cou, les organes internes et les organes sensoriels. L'un des orifices les plus importants est le foramen jugulaire, à la base du crâne. C'est l'endroit où des veines importantes et plusieurs nerfs quittent le cerveau. L'un des plus importants est le nerf vague, qui appartient au système parasympathique (voir page 50).

Relâchement de la base du crâne
C'est une technique très importante pour détendre les sutures du crâne, ainsi que les muscles et fascias de la région crânienne. Le thérapeute s'assoit au bout de la table d'examen, derrière le patient qui est al-

longé sur le dos (photo du bas). Doucement, il enfonce l'extrémité de ses doigts dans les tissus mous entre la nuque et la colonne vertébrale, puis il étire délicatement la nuque du patient. En répétant plusieurs fois cette séquence de pression et de traction, il obtient un relâchement de cette région d'une importance toute particulière.

Les techniques viscérales

Comme nous l'avons vu précédemment, ces techniques servent à traiter les organes internes, avec leurs réseaux de fascias, de vaisseaux sanguins et lymphatiques, et aussi de nerfs dont ils sont traversés. Composé des organes de la cavité thoracique et abdominale, ainsi que de l'appareil uro-génital, le système viscéral est très volumineux et soumis à de nombreuses perturbations. Toutefois, malgré la multiplicité des structures présentes, les méthodes de traitement existantes sont nombreuses.

Harmonisation du mouvement
propre de l'intestin grêle
Comme nous l'avons indiqué précédemment, nous accordons une grande importance à l'intestin grêle pour son rôle sur le plan énergétique. Les canaux pancréatique et biliaire aboutissent tous deux à cet organe par un sphincter. L'ostéopathe palpe prudemment les diffé-

La technique crânio-sacrée de relâchement de la base du crâne aide à normaliser les muscles et les tissus conjonctifs de cette région. Elle permet aussi de supprimer les tensions anormales des sutures crâniennes.

L'ostéopathe dispose également d'une multitude de méthodes de traitement liées aux techniques viscérales.

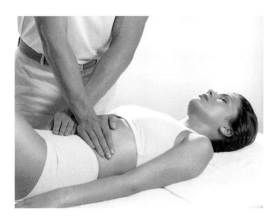

Correction d'une dysfonction somatique de l'intestin grêle par les techniques viscérales.

rentes couches de tissus (cutané, sous-cutané, conjonctif, muscles du ventre, péritoine et épiploon) de la région de l'arc costal, tout en écartant délicatement les anses du gros intestin sur le côté. Puis il accompagne les mouvements propres de l'intestin grêle par de délicates torsions dans le sens horaire et antihoraire, manœuvres dont la répétition permet d'obtenir un relâchement des tissus. L'ostéopathe continue alors d'accompagner les mouvements propres de l'intestin grêle jusqu'à ce que le rythme se fige et arrive à un point de repos (ou «point de Still»), qui permet d'atteindre un profond relâchement. Après quelques secondes, le corps reprend ses mouvements propres de manière harmonieuse.

Autres techniques

L'ostéopathie est une thérapie qui exclut normalement tout recours à des médicaments ou à des injections. D'aucuns pourront donc être surpris de ce que l'ostéopathe prescrit tout de même des médicaments ou des infiltrations, suivant sa formation ou son expérience personnelle. Dans aucun cas toutefois, il ne prescrit de substance de nature chimique, qui modifierait le corps de l'extérieur, mais seulement des substances agissant sur les mécanismes de régulation et les capacités d'autoguérison du corps, notamment des remèdes homéopathiques. L'ostéopathie se combine volontiers avec d'autres méthodes naturelles, telles que l'homéopathie, l'acupuncture, les médecines chinoise ou tibétaine, la kinésiologie et encore bien d'autres méthodes naturelles globales.

L'ostéopathie peut aisément être combinée à d'autres méthodes naturelles, telles que l'homéopathie, l'acupuncture ou la kinésiologie.

Après le premier traitement

Lors du premier traitement, nombreux sont les patients surpris par la très faible intensité des pressions exercées.

Certains pensent que l'ostéopathe se contente de poser les mains sur le corps et ne perçoivent même pas les délicats mouvements ciblés qu'il effectue. Certains patients sont d'autant plus étonnés lorsque, sous l'effet d'un regain d'énergie, l'organisme répond durant un ou plusieurs jours par une

Combien de séances faut-il suivre ?

Après un traitement, l'organisme doit être laissé au repos pendant un certain temps pour ne pas contrarier les capacités d'autorégulation. C'est pourquoi les séances d'ostéopathie sont généralement assez espacées. D'un cas sur l'autre, il peut se passer d'une à trois semaines entre chaque séance. Écoutons le docteur Still à ce propos : «Recherche la lésion (dysfonction somatique dans le corps), traite la lésion, puis laisse la lésion en paix».

C'est un précepte qui s'applique encore aujourd'hui sans restriction aucune. Des sollicitations mal appliquées (trop fort, trop fréquemment ou trop longtemps) peuvent par ailleurs entraver et même inhiber les capacités d'autorégulation. La durée du traitement pour un ensemble de symptômes donnés diffère complètement d'un individu à l'autre et il n'est pas possible d'établir de règles générales. Si une seule séance peut éventuellement suffire à faire disparaître un problème grave, sans trop de lésions des structures organiques, des mois peuvent s'avérer nécessaires pour régler un problème chronique installé depuis des années avec des lésions touchant de nombreuses structures.

légère accentuation des troubles, phénomène d'aggravation initial qui ne vous est peut-être pas inconnu si vous vous soignez par l'homéopathie. Au cours du processus de régulation automatique qui s'ensuit, vos troubles doivent rapidement s'apaiser et votre état s'améliorer. Vous pouvez aussi entrer dans un état d'agréable pesanteur ou de fatigue. Il se peut enfin que vous vous sentiez plus léger et plus libre. Bien sûr, il se peut aussi que vous n'ayez aucune réaction particulière.

Indications relevant de l'ostéopathie

Comme l'indique le précepte essentiel décrit plus haut (page 43), l'ostéopathe traite un patient et non des symptômes. C'est pourquoi on ne peut se risquer à donner une liste de symptômes sans se tromper.

Les tissus de l'enfant étant longtemps modelables, le traitement est plus facile chez ce dernier que chez l'adulte. Aussi longtemps que les capacités d'autorégulation de

Après un traitement ostéopathique, l'organisme réagit différemment d'un patient à l'autre.

l'organisme remplissent leur rôle et que les structures tissulaires ne sont pas endommagées, le traitement ostéopathique peut conduire à une guérison complète. Dans tous les autres cas, il permet à tout le moins de soulager la douleur.

Aspects particuliers suivant le sexe et l'âge des patients

Compte tenu des diverses différences anatomiques entre l'homme la femme, il nous semble intéressant d'établir de différencier le traitement suivant le sexe. Par ailleurs, les enfants de tous âges présentent des problèmes bien spécifiques et il n'est pas possible de les considérer tout simplement comme de petits adultes.

L'ostéopathie chez l'enfant

C'est un sujet particulièrement important pour l'ostéopathe, car les nouveau-nés, les nourrissons, les enfants et les adolescents présentent souvent des dysfonctions susceptibles de se répercuter de manière négative sur le développement ultérieur de leur organisme.

● L'ostéopathe attache une grande importance au crâne de l'enfant. À la naissance, celui-ci est constitué de plusieurs couches osseuses molles et de lames de tissu conjonctif, qui peuvent se souder jusqu'à la puberté et même parfois nettement plus tard. Compte tenu de l'étroitesse du bassin de la mère, la naissance est susceptible d'altérer gravement la symétrie des os du crâne de l'enfant et ce, d'autant plus si l'accouchement a été réalisé à l'aide des forceps ou d'une ventouse obstétricale.

● Si les capacités d'autorégulation de l'organisme n'interviennent pas, les asymétries crâniennes peuvent provoquer des pressions ou des tractions susceptibles d'altérer les sutures des os du crâne et les orifices de sortie des nerfs (tous les nerfs chargés de contrôler et de commander des fonctions organiques quittent le cerveau par ces orifices).

Indications ostéopathiques chez l'enfant

Allergies, asthme, douleurs abdominales, énurésie, reflux gastriques, difficultés de concentration, d'apprentissage et dyslexie, problèmes oculaires, retards de croissance, troubles du sommeil, difficultés auditives, problèmes locomoteurs, retards et anomalies de développement.

Des dysfonctionnements peuvent se transmettre au corps tout entier par l'intermédiaire des liaisons nerveuses, ainsi que par les insertions des muscles ou par les fascias. Ces dysfonctionnements peuvent entraver le bon développement physique et mental de l'enfant.

● Chez l'enfant et l'adolescent, des traumatismes, et notamment des chutes, peuvent, suite à une compression une ou traction des tissus, provoquer dans son organisme encore modelable des dysfonctions qui ne disparaîtront pas d'elles-mêmes et nécessiteront donc une thérapie.

L'ostéopathie chez la femme

Chez la femme, plusieurs facteurs peuvent limiter l'efficacité des capacités d'autoguérison de l'organisme.

Le début du cycle menstruel marque un processus de transformation hormonal s'accompagnant de nombreuses manifestations positives, mais aussi, dans le même temps, de problèmes pour l'organisme.

Le cycle menstruel peut subir des dérèglements d'origines très diverses. Outre les facteurs d'ordre psychique et émotionnel, qui peuvent entraîner un déséquilibre au sein des tissus, les principaux responsables de ces dérèglements sont les tensions innées ou acquises, qui ne peuvent guérir par elles-mêmes. Ces déséquilibres se soldent par des sautes d'humeur, des difficultés de concentration, des règles douloureuses, des maux de tête ou des douleurs dorsales, mais aussi par des inflammations de la vessie ou du vagin. Les examens préventifs de la médecine classique ne décèlent en général rien d'anormal dans ce type de cas.

Le problème vient tout simplement de ce que les organes sexuels féminins sont, de par leur fonction, extrêmement mobiles et flexibles, et que leurs tissus sont, par conséquent, aisément soumis à des tensions excessives. Ainsi, l'utérus est relié au bassin par des ligaments et par le péritoine : ceux-ci peuvent donc directement influencer la position et la fonction de ce dernier.

Avec les transformations physiques importantes qu'il entraîne, l'accou-

Le cycle hormonal et la conformation particulière des organes sexuels féminins entraînent souvent des troubles fonctionnels auxquels l'ostéopathie peut généralement remédier.

chement est parfois aussi à l'origine de divers troubles. Les femmes ont souvent intérêt à suivre un traitement ostéopathique avant, et surtout après une telle épreuve. L'équilibre hormonal est encore une fois bouleversé lors du passage à la ménopause, évolution qui peut également marquer l'apparition de symptômes très divers. La carence en hormones peut s'accompagner de tensions dans les tissus, contre lesquelles les capacités d'autorégulation sont impuissantes. Souvent, les réserves de l'organisme, à l'origine si importantes pour affronter cette évolution essentielle, sont exsangues à cause d'une mauvaise hygiène de vie. De nombreux problèmes, no-

tamment la faiblesse de la vessie avec incontinence passagère, dont souffrent également les jeunes femmes, sont tus par pudeur inutile, alors que l'ostéopathie pourrait souvent avoir une action efficace dans ce type de cas.

L'ostéopathie chez l'homme

Quoique différent par sa structure, l'appareil uro-génital masculin n'en pose pas moins de problèmes.

● Les difficultés sexuelles et les problèmes de prostate s'aggravent avec l'âge. Lorsque ces affections sont provoquées par des troubles fonctionnels, tels qu'une mauvaise position du bassin ou une trop grande tonicité des muscles sacro-iliaques et du bassin, un traitement ostéopathique précoce peut dans de nombreux cas s'avérer efficace, tout au moins soulager le patient.

● Face à des tensions conflictuelles aux niveaux familial ou professionnel, hommes et femmes compensent, à des degrés divers, en augmentant leur niveau d'activité et de stress. Cette réaction peut provoquer une augmentation de tension des tissus et du tonus musculaire, et cet état peut à son tour entraîner des défauts de position, des déséquilibres ou des accumulations de liquide, nuisibles pour l'alimentation des cellules. Alors que les hommes ont tendance à compenser leurs petits

Symptomatologies relevant de l'ostéopathie les plus fréquemment relevées chez les adultes

- Maux de tête, migraine, douleurs dans la région du cou et de la nuque, torticolis, mal de dos, lumbago, douleurs articulaires chroniques
- Accidents de sport
- Perte auditive, bourdonnement d'oreilles
- Troubles digestifs
- Dérèglements sexuels
- Nervosité, état de tension, troubles du sommeil
- Troubles en période de périmonopause, déséquilibre hormonal
- Troubles circulatoires, sudation excessive, déséquilibre hormonal
- Dérèglements menstruels, faiblesse de la vessie
- Douleurs à la prostate

problèmes par un surcroît d'activité, les femmes s'efforcent de les régler au plus tôt.

Si les femmes souffrent souvent de la nuque et des épaules, les hommes se plaignent surtout de douleurs lombaires.

Contre-indications à l'ostéopathie

Les inflammations aiguës et les accidents, les tumeurs et autres maladies graves, ainsi que les troubles psychiques et psychiatriques relèvent dans un premier temps d'un spécialiste de la médecine classique, autant pour le diagnostic que pour les thérapies proposées. Cela étant, il n'existe véritablement aucune contre-indication au traitement ostéopathique. Lorsqu'une structure corporelle est détruite ou que les fonctions corporelles présentent de sérieux troubles, l'ostéopathie peut dans tous les cas accompagner les autres thérapies nécessaires.

Même si la proportion de femmes qui font confiance à l'ostéopathie reste plus importante que chez les hommes, ces derniers semblent s'intéresser récemment davantage à leur propre corps.

Programme d'auto-traitement par l'ostéopathie

La pratique régulière d'exercices, seul ou en couple, aide à conserver la souplesse et la mobilité des structures corporelles et à assurer la bonne circulation des liquides dans le corps, en résumé, à conserver la santé.
Elle permet par ailleurs de mobiliser le potentiel d'autoguérison de l'organisme, notamment en cas de troubles. Dans tous les cas, elle ne saurait toutefois remplacer le traitement par un ostéopathe confirmé.

Activation des capacités d'autoguérison

L'ostéopathie est une méthode de traitement ouverte et individuelle qui permet à tout praticien d'élaborer un programme d'exercices spécialement pour chacun de ses patients.

Les exercices d'hygiène et d'entretien du corps existent depuis des siècles et sont utilisés dans de nombreuses thérapies. Aussi, se peut-il que certains des exercices que nous allons voir ne vous soient pas inconnus. Selon le cas, ces derniers font appel à des éléments tirés de la physiothérapie ou des médecines chinoise, tibétaine ou encore indienne.

Bien sûr, les ostéopathes n'ont pas réinventé la roue. Toutefois, ils ont amélioré ces exercices dans de multiples domaines et surtout, ils les ont adaptés à leur discipline. Conformément à la philosophie ostéopathique, les capacités d'autoguérison doivent permettre au corps de retrouver son équilibre.

C'est exactement le sens des exercices présentés. Pour que l'horloge de votre corps continue à tourner librement et pour que vous soyez plein d'énergie et de vitalité votre vie durant, il importe de pratiquer régulièrement ces exercices. Le docteur Still n'a laissé aucun écrit sur ses techniques et n'a pas non plus décrit d'exercices d'autotraitement. En plus d'un siècle toutefois, les différentes écoles d'ostéopathie ont su enrichir leur discipline d'un grand nombre de techniques et d'exercices. L'ostéopathie n'est pas un système rigide, figé dans des textes, mais bien plutôt une méthode thérapeutique ouverte, dont le principe fondamental est de protéger la fonction des tissus. C'est pourquoi on assiste régulièrement à l'apparition de nouvelles techniques et de nouveaux exercices.

Suivant la formation suivie et la tradition du pays dans lequel il exerce, l'ostéopathe fait appel aux exercices et aux programmes d'autotraitement à des degrés divers.

CONSEIL !

Pour les exercices, préférez des vêtements amples et légers dans lesquels vous vous sentez bien.

La plupart d'entre eux peuvent être effectués au sol. Pour les exercices de circulation respiratoire et lymphatique, ainsi pour que les exercices en couple, mieux vaut toutefois pratiquer sur un divan ou un canapé.

Au sol, vous pouvez utiliser une couverture ou un tapis de gymnastique, ainsi qu'un coussin pour la tête.

Aux États-Unis, les exercices à effectuer seul, sont très répandus. La liste n'est pas exhaustive et il en existe encore beaucoup d'autres, dont l'action est tout aussi bénéfique sur le corps.

Avant de commencer

On pourrait s'imaginer que le programme d'autotraitement fonctionne de la manière suivante : exercices 1 et 2 contre le mal de dos, exercices 3 et 4 contre le mal de tête et ainsi de suite.

● Mais cela ne cadre pas avec les principes ostéopathiques. En effet, il n'existe pas une seule et même thérapie contre le mal de dos, car la cause des douleurs peut être aussi variée que les patients qu'elle traite. L'ostéopathe sait distinguer, parmi les nombreux troubles possibles, lequel est à l'origine du mal de dos.

● Pourquoi alors un programme d'autotraitement ? L'ostéopathie n'est pas prioritairement axée sur la seule guérison directe, mais plutôt sur l'activation du potentiel d'autoguérison. Les mains expérimentées d'un ostéopathe peuvent toutefois s'avérer nécessaires pour rendre l'équilibre à vos tissus si votre mal est complexe. Mais il est aussi possible que votre corps ait tout simplement besoin d'une impulsion pour activer ses propres capacités d'autoguérison. Autrement dit, vous n'avez alors pas tant besoin d'exercices pour traiter le mal, mais bien plutôt pour stimuler le système d'autorégulation. Des exercices qui redonnent l'équilibre à votre organisme et rétablissent l'harmonie entre le corps, l'âme et l'esprit. Des exercices qui assurent également au mieux votre prévention en armant votre corps contre les agressions éventuelles.

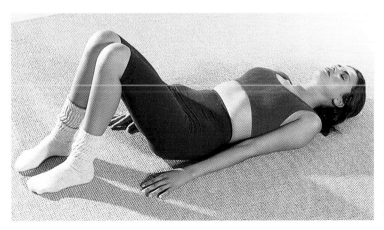

Pour vous préparer mentalement aux exercices, essayez de trouver le calme et de vous détendre.

Les trois volets
des exercices
de base :
stabilisation,
mobilisation
du corps et
exercices clés

Attention, ce n'est pas l'intensité de la pratique, mais la régularité qui compte. Le secret, pour conserver la santé, c'est de s'exercer régulièrement.

En plus des exercices de base, l'ostéopathe peut naturellement vous expliquer et vous prescrire des exercices spécifiques pour les problèmes particuliers.

Exercices de base

Le programme d'autotraitement repose en partie sur la stabilité du buste (l'un des trois piliers de la stabilité). Axe essentiel de l'organisme, la colonne vertébrale doit être équilibrée du mieux possible. La musculature associée doit donc fonctionner de manière irréprochable.

Par ailleurs, cette musculature ne peut assurer un maximum de stabilité que si les bras et les jambes disposent d'une capacité d'extension propre, capacité qui diffère d'un individu à l'autre. L'action subtilement coordonnée des muscles, des os, des enveloppes conjonctives et des faisceaux des vaisseaux sanguins et des nerfs est alors absolument indispensable.

Pour le démontrer, prenons l'exemple d'un voilier glissant sur l'eau toutes voiles penchées. Alors que le côté sous le vent est exposé à de grandes pressions, le côté opposé est soumis à de grandes tensions. Dans cet exemple, la voile représente les bras et les jambes, agents de la mobilité de l'organisme, et l'on peut comparer les cordages aux tissus de soutien qui absorbent et retransmettent les forces : ils doivent être à la fois élastiques et rigides pour soutenir les voiles du mieux possible. Le mât peut, quant à lui, être comparé à la colonne vertébrale. Celle-ci sert d'amortisseur et, à condition d'être suffisamment élastique, peut compenser de nombreuses forces, en l'occurrence nos petits problèmes. Lorsque l'élasticité du mât est sollicitée en totalité, les forces doivent être transmises aux cordages.

Compte tenu des faibles capacités d'allongement et d'autorégulation des tissus, le corps peut alors subir

Fonctions des différents exercices

- Stabilisation et mobilisation du corps
- Activation des systèmes crânio-sacré et lymphatique
- Rééquilibrage des tissus conjonctifs
- Réactivation de la circulation liquidienne et des mouvements des organes.

IMPORTANT

Le programme d'autotraitement a pour but d'activer les capacités d'autoguérison et d'éradiquer les troubles légers. Selon la philosophie ostéopathique, c'est à chacun d'entre nous, en tant que personne et en tant que patient, d'être responsable de son corps. C'est à cette seule condition que nos capacités d'autoguérison peuvent s'exprimer. Si votre corps vous remercie lorsque vous prenez soin de lui, il s'insurge au contraire si vous le négligez. Personne d'autre que vous ne peut en effet être responsable de votre corps et prendre soin de lui (la personne et le corps sont deux entités indissociables). Veillez par conséquent à ce que l'activité physique et les exercices thérapeutiques fassent désormais partie de votre quotidien. Le programme d'autotraitement ne peut toutefois remplacer l'ostéopathe. Le praticien intervient lorsque vous ne parvenez plus à gérer la situation seul, et que vous avez besoin d'aide. Dans des cas de ce type, il doit tout d'abord repositionner les différents éléments du corps pour que les capacités d'autoguérison puissent se manifester. L'ostéopathe peut aussi intervenir plus tôt pour supprimer préventivement les troubles fonctionnels, avant qu'une affection se déclare. Cette intervention précoce est la meilleure manière d'éviter que les problèmes ne se multiplient.

des dommages liés à l'usure ou même de graves maladies.

Pour que le voilier (le corps) fonctionne sans heurt, toutes les forces actives doivent se marier harmonieusement. Que certains éléments soient mal réglés ou désynchronisés et c'est le mât qui se brise ou le voilier qui sombre tout entier. Considérons maintenant le comportement au glissement de la coque dans l'eau. En continuant la métaphore, le profilage peut symboliser les autres facteurs susceptibles de faire obstacle à la santé : relations sociales, état psychique, alimentation, héritage génétique et accidents. Les épreuves de la vie testent la stabilité du corps sous tous les angles. La mobilité, autrement dit la réponse idéale des structures conjonctives sur le plan de l'élasticité et de la rigidité devant des situations données, est garantie par la pratique d'exercices appropriés.

Enfin, on peut considérer la respiration comme l'équipage qui manœuvre le voilier et le dirige. Et les exercices respiratoires (cf. p. 74) améliorent le rendement de l'équipage qui pilote le voilier (c'est-à-dire le corps).

Les trois piliers de la stabilité

Si tout orthopédiste ou physiothérapeute se félicite certainement des exercices de stabilisation musculaire que nous allons voir, ces derniers sont tout particulièrement appréciés par l'ostéopathe pour leur action spécifique : ils provoquent en effet la contraction des muscles et, par suite, exercent une pression sur les différents organes, activant ainsi la circulation sanguine et lymphatique.

Un peu à la manière d'une éponge, la phase de compression des organes est suivie d'une phase d'extension, accompagnée d'un remplissage. Durant les exercices, l'alternance des mouvements de compression et d'extension active les processus métaboliques, notamment l'évacuation des déchets, la purification et la revitalisation du système de faisceaux et de fascias, ainsi qu'un meilleur apport en nutriments et en oxygène. Les organes internes, généralement affaiblis par une nourriture trop riche et inappropriée, ainsi que par le

CONSEIL !

La durée des exercices et le nombre de répétitions sont indiqués à titre purement indicatif. Si les plus entraînés peuvent sans problème s'entraîner plus longtemps, les débutants devront commencer lentement et progresser ensuite avec prudence.

manque d'exercice, sont régénérés par ces mécanismes d'autopurification. Le corps peut alors plus aisément accepter de nouveaux nutriments. Dans le sens ostéopathique du terme, les exercices de stabilisation permettent non seulement de renforcer les muscles, mais aussi et surtout de revitaliser le corps.

1er pilier : l'Y couché

Cet exercice permet de renforcer l'arrière du corps.

L'exercice du « Y couché » sert à renforcer la musculature du dos.

Allongez-vous sur le ventre et tendez les bras sur les côtés, comme si vous vouliez prendre la forme d'un Y. Les jambes et les pieds bien au sol, levez légèrement les bras et tenez la position grâce aux muscles du dos. Faites maintenant comme si vous vouliez repousser une planche de bois (photo en bas à droite, p. 66). Étirez alors alternativement la jambe droite et la main gauche dans le prolongement du corps. Respirez profondément puis changez de côté.

⏱ Exécutez cet exercice environ 10 secondes de chaque côté et répétez l'ensemble à 5 reprises.

2ᵉ pilier : le T de côté

Cet exercice permet de renforcer les muscles du côté du corps près du sol.

Pour renforcer les muscles latéraux, le « T de côté ».

Allongez-vous sur le côté et appuyez-vous sur l'avant-bras, le coude dans l'exact prolongement de l'épaule. Étirez le corps de manière à ce que votre tête, votre buste, vos hanches et vos jambes soient bien alignés. L'important est de bien serrer les fessiers et les muscles des hanches. Levez le bassin de sorte à ce qu'il forme une seule et même ligne avec le buste. Vous reposez alors sur le coude, l'avant-bras et les pieds. Rentrez les épaules vers le sol et vers les hanches. Veillez à la stabilité de votre ceinture scapulaire. Levez le bras extérieur vers le haut pour terminer le T et ouvrez la paume de la main (photo en bas à gauche). Vous sentirez une agréable traction dans la région de l'avant-bras et de l'épaule. Changez ensuite de côté.

⏱ Exécutez cet exercice environ 10 secondes de chaque côté et répétez l'ensemble 5 fois.

3ᵉ pilier : le « L posé »

Cet exercice permet de renforcer les muscles du ventre et de l'arrière de la jambe.

Allongez-vous sur le dos et levez les jambes pliées de sorte à former un angle droit avec le buste. Rentrez ensuite les pieds vers les genoux. Levez les deux talons et étirez lentement les genoux. Respirez profondément et procédez lentement, sans à-coups ni élan. Pendant tout l'exercice, les muscles du ventre doivent rester bloqués. Ensuite, levez alternativement un talon puis l'autre afin de fortifier les muscles sur le côté du ventre.

Variante : si vous ne parvenez pas à étirer les jambes à la verticale, fléchissez légèrement les genoux (cf. photo).

⊕ Tenez ce mouvement environ 10 secondes et répétez l'ensemble 5 fois.

Les cinq niveaux de la mobilité

Couplés au programme de stabilisation que nous venons de voir, les cinq exercices suivants sont essentiels pour l'entretien du corps, l'activation des mécanismes vitaux et le processus d'autoguérison.

L'exercice du «L posé» sert à renforcer la musculature de l'arrière des jambes et du ventre.

CONSEIL !

Pour ne pas trop solliciter vos lombaires, essayez de maintenir les jambes à angle droit avec le buste et évitez de les laisser retomber.

De manière générale, nous sollicitons notre musculature de manière trop unilatérale. Les principaux groupes de muscles ont tendance à se rétracter et il faut toujours compenser par des mouvements d'étirement. C'est à cette seule condition que la stabilité du buste peut être conservée.

1er niveau : étirement des muscles fléchisseurs de la hanche et extenseurs du genou

▶ Allongez-vous sur le côté et placez la jambe du dessous perpendiculaire à la hanche. Appuyez-vous sur le bras au sol. Pliez la jambe supérieure vers l'arrière tout en entourant la cheville d'une main et tirez vers l'arrière. Veillez à conserver la jambe et le buste à la même hauteur (photo du haut, à droite). En même temps qu'un étirement de l'avant de la cuisse vers l'arrière par la traction, cet exercice induit un léger mouvement d'extension de l'articulation du genou vers la main entourant la cheville et une

Le premier exercice de mobilité permet d'allonger les muscles fléchisseurs de la hanche et extenseurs du genou.

extension du bassin («allongement» de la jambe).

Allongez-vous sur l'autre côté et recommencez l'exercice.

🕐 Tenez ce mouvement environ 10 secondes de chaque côté et répétez l'ensemble 3 fois.

2ᵉ niveau : étirement des muscles courts adducteurs des jambes

▶ Asseyez-vous le buste bien droit. Ramenez ensuite les jambes vers vous et placez les pieds l'un contre l'autre (photo ci-contre). Appuyez alors du plat des mains sur l'intérieur des genoux comme pour les écarter vers le bas, sans mouvements de ressort. Vous devriez éprouver une agréable sensation d'étirement à l'intérieur des cuisses.

🕐 Tenez ce mouvement au moins 30 secondes et recommencez 3 fois.

Le deuxième exercice de mobilité permet d'étirer les muscles courts adducteurs de la jambe.

3ᵉ niveau : étirement du muscle grand fessier

▶ Asseyez-vous le buste bien droit. Pliez la jambe droite et placez-la sur le côté à hauteur du genou, près de la jambe gauche (photo du bas). Avec le bras gauche, appuyez sur l'articulation du genou droit vers l'extérieur, comme si vous vouliez le ramener vers l'épaule gauche. Veillez à rester bien droit durant l'exercice. Vous devriez sentir une légère tension sur la fesse droite.

🕐 Tenez ce mouvement au moins 30 secondes de chaque côté et recommencez 3 fois.

4ᵉ niveau : étirement des muscles longs adducteurs des jambes

Le troisième exercice de mobilité permet d'étirer le muscle grand fessier.

▶ Asseyez-vous le buste bien droit et les jambes étirées devant vous, puis écartez-les aussi loin que possible sans courber le dos ni incliner

le buste (photo ci-dessus). Vous devriez ressentir une sensation d'étirement non seulement à l'intérieur des cuisses, mais aussi sur l'articulation du genou, en direction de la jambe.

🕐 Tenez ce mouvement sans mouvements de ressort au moins 30 secondes et recommencez 3 fois.

5ᵉ niveau : étirement de l'arrière de la jambe

▶ Allongez-vous sur le dos, jambes étendues. Pliez ensuite une jambe et passez les mains autour de votre cuisse juste au-dessus du genou. Ramenez cette dernière sur le buste et étirez les orteils en direction du tibia. Sortez le talon vers le haut et tendez le genou jusqu'à sentir un étirement dans la jambe. L'autre jambe doit rester allongée (photo du bas, à droite).

🕐 Tenez cette position sans mouvements de ressort au moins 30 secondes et recommencez 3 fois.

Le quatrième exercice de mobilité sert à l'étirement des muscles longs adducteurs de la jambe.

Les trois exercices clés

Les exercices clés sont au nombre de trois, deux exercices de drainage et un exercice d'étirement.

Les deux exercices de drainage permettent d'allonger l'ensemble des systèmes de fascias à l'avant et à l'arrière du corps. Dans ce sens, ce sont deux exercices clés du traitement ostéopathique. Comme nous l'avons vu à la page 22, les tissus conjonctifs constituent un véritable système de communication interne : tous les canaux afférents et déférents, ainsi que le système nerveux périphérique, les organes et l'ensemble des espaces interstitiels sont en effet enveloppés de tissu conjonctif. Aucun vaisseau n'est en contact direct avec les cellules, et les échanges de nutriments, de déchets et d'informations se font par le biais du tissu conjonctif. Celui-ci stocke un grand nombre de déchets que l'organisme ne peut évacuer et constitue un filtre à l'acidité gastrique.

Pour remplir ces fonctions importantes, le tissu conjonctif doit être mobile et élastique. Or, les dysfonctions des différents organes peuvent réduire sa mobilité et le soumettre à des tensions ou des pressions. En cas de trouble, même léger, les exercices de mobilisation du tissu conjonctif aideront à activer les capacités d'autoguérison de l'organisme.

Exercices de drainage avant

Étirement de la partie avant du corps.

Le 5e exercice de mobilité sert à étirer l'arrière de la jambe.

▶Allongez-vous sur le ventre et placez vos mains à hauteur du buste, paumes contre le sol. Étirez les jambes jusqu'aux gros orteils : autrement dit, le devant des pieds doit être à plat contre le sol. Appuyez-vous légèrement sur les mains et relevez lentement le haut du buste. Tirez la tête en avant et les épaules en arrière (photo en bas, à gauche).

Levez lentement la tête, menton rentré dans le cou. En fermant la bouche, vous devez sentir l'allongement des fascias du cou.

Continuez alors à relever le buste. Vous devriez sentir une agréable sensation d'étirement dans le haut du corps. Pendant tout l'exercice, le nombril doit rester collé au sol et vous ne devez ressentir aucune douleur dans la colonne dorsale. Si vous pratiquez assez régulièrement et que vous faites aussi suffisamment d'exercice, vous serez vite en mesure de lever le buste encore plus haut. Durant cet exercice de détente et d'allongement, il est essentiel de respirer profondément et calmement.

🕐 Tenez cette position au moins 7 secondes et recommencez 3 fois.

Exercice de drainage arrière

Étirement de la partie arrière du corps.

▶Mettez-vous à quatre pattes et arrondissez le dos. Vous sentirez l'allongement des fascias du dos. Baissez-vous et ramenez les jambes pliées sous votre buste, l'avant des pieds à plat sur le sol. Essayez de prendre la position la plus ramassée possible, autrement dit, le buste le plus près des cuisses et la tête dans les genoux (photo en bas, à droite).

🕐 Tenez cette position au moins 30 secondes et recommencez 3 fois.

Le renversement

Cet exercice mobilise l'ensemble du corps et plus particulièrement

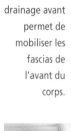

L'exercice de drainage avant permet de mobiliser les fascias de l'avant du corps.

L'exercice de drainage arrière permet de mobiliser les fascias de l'arrière du corps.

les systèmes liquidiens et les organes internes.

Chez les bipèdes que nous sommes, la marche en station debout empêche les organes internes de se balancer librement et d'être mobilisés en permanence, comme chez les quadrupèdes. Placés à l'horizontale, nos organes internes sont très peu mobiles. Le dernier exercice, et en même temps le plus important, permet de mobiliser, d'irriguer et de drainer tous les organes de manière optimale. C'est le renversement complet du corps, autrement dit, le poirier.

Pour commencer, entraînez-vous avec un partenaire pour qu'il vous tienne les pieds. Pour votre confort, placez un coussin ou un petit tapis de sol sous votre tête.

Vous pouvez aussi prendre appui sur un mur ou remplacer le poirier par l'arbre droit.

Variante pour débutants : tout le monde ne peut pas réussir le poirier du premier coup. Si tel est votre cas, nous vous conseillons d'exécuter les exercices préparatoires suivants ; ils pourront même remplacer le poirier.

▶ Fabriquez-vous un plan incliné, avec une planche, par exemple. Allongez-vous de manière à ce que vos pieds soient plus hauts que votre tête et augmentez lentement l'angle et la durée de la position. Cet exercice apparemment simple peut entraîner de grandes modifications des fonctions corporelles.

Le poirier est le meilleur exercice pour mobiliser de manière optimale tous les organes du corps.

Essayez ensuite, toujours sur le plan incliné, de soumettre votre corps à de légères vibrations. Vous multiplierez ainsi l'effet recherché. ☺ Veillez à augmenter très lentement la durée de l'exercice sur le plan incliné, de quelques secondes au début jusqu'à plusieurs minutes vers la fin. Pour le poirier, une minute suffit largement.

IMPORTANT

Si vous souffrez de troubles cardio-vasculaires ou de variations de la pression intracrânienne, demandez à votre thérapeute si l'exercice du poirier est indiqué dans votre cas. De même, n'hésitez pas à consulter si vous avez des vertiges ou tout autre symptôme.

Exercices complémentaires

Les cinq dimensions de la respiration

Toutes les thérapies globales accordent une grande place à la res-

CONSEIL !

Dans l'exercice sur le plan incliné, évitez de relever uniquement les jambes. La cassure provoquée au niveau des reins nuirait à l'effet recherché, qui est de faire circuler les liquides corporels. Par ailleurs, elle empêcherait de parvenir à l'objectif principal de cet exercice, à savoir le changement de position des organes internes.

piration. Pour l'ostéopathe, elle joue un rôle essentiel dans l'énergie vitale. En effet, si les pensées et les émotions ont une influence sur notre respiration, celle-ci permet quant à elle d'agir sur ces dernières. Aussi, dans le cadre de son traitement, l'ostéopathe attache une importance particulière aux déséquilibres des tissus dans la région des poumons, de la cage thoracique et de ses insertions, ainsi que des muscles respiratoires. Chaque inspiration fait naître le rythme essentiel à la vie et garantit la transmission de l'énergie entre les organes. La respiration crée les conditions indispensables au bon glissement des tissus. C'est pourquoi les exercices respiratoires dirigés vers certains organes sont importants pour leur bon fonctionnement. Par la concentration d'énergie dans des directions déterminées,

Le premier exercice de respiration sert à concentrer l'énergie vers les poumons.

les échanges gazeux et de la circulation sanguine sont particulièrement stimulés et les régions concernées ainsi réactivées.

Les enveloppes de tissu conjonctif sont mobilisées, et les déchets qu'elles contiennent sont évacués. Le bon glissement des organes, condition indispensable à leur bon fonctionnement, est facilité.

1er exercice de respiration : action sur les poumons

▶ Allongez-vous sur le dos, jambes écartées. Posez les mains délicatement sur la poitrine, la main gauche à gauche et la main droite à droite (photo du haut). Fermez les yeux et concentrez-vous de manière à inspirer calmement, lentement et profondément. Essayez d'orienter votre respiration en direction de vos mains. De cette manière, l'énergie est concentrée sur vos poumons.

⏱ Répétez cet exercice environ 7 fois.

Pour terminer, faites légèrement trembler vos mains de manière à transmettre de légères vibrations aux tissus dans votre poitrine.

2e exercice de respiration : action sur le foie

▶ Allongez-vous sur le dos, jambes écartées. Placez la main gauche légèrement au-dessus de l'arc costal et la main droite juste au-dessous de la main gauche et sur le côté (photo du bas).

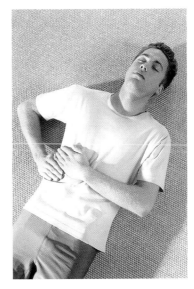

Le deuxième exercice de respiration est destiné à concentrer l'énergie vers le foie.

CONSEIL !

Pour renforcer l'effet de l'exercice de stimulation du foie, il suffit d'activer le méridien de cet organe. Pour ce faire, tendez les orteils en direction du nez puis relâchez-les. Cette manœuvre permet par ailleurs d'effectuer un drainage lymphatique des extrémités inférieures.

Fermez les yeux et concentrez-vous de manière à inspirer calmement, lentement et profondément. Essayez d'orienter votre respiration en direction de vos mains. De cette manière, l'énergie est cette fois concentrée sur le foie.

🕐 Répétez cet exercice environ 7 fois.

Pour terminer, remuez légèrement vos mains de sorte à transmettre de légères vibrations aux tissus sous-jacents.

3e exercice de respiration : action sur l'estomac

▶ Allongez-vous sur le dos, jambes écartées. Placez la main gauche sous l'arc costal gauche. Le pouce doit appuyer sur les dernières côtes et l'extrémité des doigts rentrer dans le creux épigastrique. Placez la main droite au-dessus de la main gauche. Le petit doigt de la main droite vient s'appuyer sur l'index de la main gauche. Fermez les yeux et concentrez-vous de manière à inspirer calmement, lentement et profondément. Essayez d'orienter votre respiration en direction de vos mains. De cette manière, l'énergie est cette fois concentrée sur l'estomac.

🕐 Répétez cet exercice environ 7 fois.

Pour terminer, faites légèrement trembler vos mains de sorte à transmettre de légères vibrations aux tissus dans votre poitrine.

Cet exercice permet également d'activer une partie du foie, de l'intestin grêle et du gros intestin.

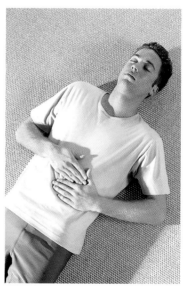

Le troisième exercice de respiration permet de concentrer l'énergie vers l'estomac.

Le quatrième exercice de respiration permet d'agir sur les reins.

4ᵉ exercice de respiration : action sur les reins

▶ Allongez-vous sur le dos, jambes écartées. Placez vos mains à plat sous le dos, aux extrémités de l'arc costal (photo du haut). Fermez les yeux et concentrez-vous de manière à inspirer calmement, lentement et profondément. Essayez d'orienter votre respiration en direction de vos mains. De cette manière, l'énergie est cette fois concentrée sur les reins.

⏱ Répétez cet exercice environ 7 fois.

Pour terminer, remuez légèrement les mains de sorte à transmettre de légères vibrations aux tissus du dos.

5ᵉ exercice de respiration : action sur l'intestin

▶ Allongez-vous sur le dos, jambes écartées. Placez les mains autour du nombril, sous les dernières côtes. Les index et les pouces forment un triangle orienté vers le bas (photo du bas).

Fermez les yeux et concentrez-vous de manière à inspirer calmement, lentement et profondément. Essayez d'orienter votre respiration en direction de vos mains. De cette manière, l'énergie est concentrée sur l'intestin.

⏱ Répétez cet exercice environ 7 fois.

Pour terminer, faites légèrement trembler vos mains de sorte à transmettre de légères vibrations aux tissus de l'intestin grêle et du gros intestin.

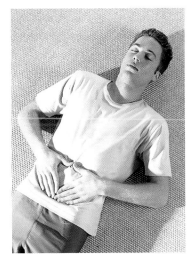

Le cinquième exercice de respiration est idéal pour agir sur l'intestin.

Exercices de mobilisation du système crânio-sacré

Nous avons évoqué rapidement le rythme crânio-sacré à la page 40. Pour activer ce rythme, les ostéopathes utilisent une méthode particulièrement efficace qu'ils nomment CV4 (stimulation du 4ᵉ ventricule cérébral) : celle-ci permet non seulement d'harmoniser le rythme crânio-sacré, mais aussi d'intervenir sur la mobilité des tissus et la circulation des liquides dans le corps. Cette action résulte de la compression du 4ᵉ ventricule cérébral, chambre dans laquelle est fabriqué le liquide céphalo-rachidien.

Exercice de mobilisation de la nuque

La technique CV4 peut être remplacée dans le programme d'autotraitement par l'exercice de mobilisation de la nuque ou des balles de tennis. Cette dernière technique est utilisée par de nombreux ostéopathes en consultation.

► Mettez deux balles de tennis dans une chaussette et fermez solidement avec une ficelle. Les balles doivent être bien serrées l'une contre l'autre.

Allongez-vous ensuite sur le dos, jambes tendues. Placez les balles sous la nuque. Pour trouver la position idéale, procédez comme suit : remontez avec la main du cou vers la nuque jusqu'à la partie cartilagineuse plus souple de l'occiput ; c'est exactement à cet endroit que vous devrez placer les balles, d'un côté et de l'autre de la ligne médiane constituée par le prolongement de la colonne vertébrale.

Variante : croisez les mains et placez la nuque à l'intérieur du creux ainsi formé.

Excellent de manière générale pour la santé, cet exercice est aussi très efficace contre le mal de tête, les maladies dégénératives, les douleurs aiguës ou chroniques, ainsi que les états fébriles.

L'exercice de mobilisation de la nuque permet d'harmoniser le rythme crânio-sacré.

IMPORTANT

Évitez de pratiquer l'exercice de mobilisation de la nuque sans l'avis de votre thérapeute dans les cas suivants : blessure à la tête, tension artérielle très élevée, pression intracrânienne élevée ou à partir du sixième mois de grossesse.

Les possibilités d'autotraitement de la région crânienne sont nombreuses. Nous vous déconseillons toutefois d'exécuter ces manœuvres sans avis médical, afin d'éviter l'apparition d'effets secondaires indésirables.

Exercices en couple

Les exercices suivants ont une action bénéfique sur l'organisme au travers des systèmes crânio-sacré et lymphatique. Cette action réside essentiellement dans le rétablissement de l'harmonie et de l'équilibre intérieurs. Les exercices décrits servent à apaiser et à libérer du stress, mais aussi à renforcer le système immunitaire et soulager différents types de douleurs aiguës ou chroniques.

Les exercices en couple ont dans tous les cas des effets particulièrement bénéfiques sur la santé.

Massage par un ou une partenaire

Voyons maintenant une technique que vous connaissez certainement : le massage par un ou une partenaire. Bien que le contact soit l'un des besoins essentiels de l'être humain, nous ne parvenons le plus souvent pas à le satisfaire. Or, il est aussi enrichissant de masser que d'être massé, car l'un et l'autre processus mobilisent et exacerbent les facultés de nos organes tactiles les plus élaborés : les mains. Profitez de cette occasion pour connaître le corps de votre partenaire avec plus d'acuité que jamais. Englobez dans le massage toutes les parties du corps, et surtout les mains et les pieds. Utilisez des huiles de massage ou des huiles essentielles préalablement chauffées dans le creux de la main. Le massage ainsi pratiqué induit une détente des tissus et des sens.

Mélangez 5 gouttes d'une huile essentielle apaisante, telle que l'essence de sauge sclarée, avec une cuillère à soupe d'huile de jujube, puis réchauffez ce mélange dans le creux de la main avant utilisation.

Le terme de « bercement » est choisi à dessein, car les bébés ne sont pas les seuls à se calmer automatiquement lorsqu'on les berce.

Bercement du bassin

▶ Allongez-vous sur le côté gauche en position fœtale. Votre partenaire, qui est assis derrière vous, imprime de légers mouvements de bascule vers l'avant et vers l'arrière en appuyant avec précaution, tantôt sur le bassin, tantôt dans la région du cou et des épaules.

Laissez-vous aller et adoptez une attitude totalement passive. Au bout d'une minute, votre partenaire met fin lentement au mouvement de bascule et pose sa main gauche sur votre coccyx et sa main droite sur votre occiput. Cette manœuvre permet d'obtenir un profond relâchement du système nerveux (photo ci-dessous).

Bercement des pieds

▶ Allongez-vous de tout votre long sur le sol. Votre partenaire, qui est assis à vos pieds, prend ces derniers par la plante et les pousse devant lui (photo en bas, à droite). Ensuite, il leur imprime des vibrations d'avant en arrière par un délicat mouvement de balancier. Normalement, vous devriez sentir ces vibrations dans tout le corps, jusque dans la tête. L'important est d'exécuter ces manœuvres avec beaucoup de prudence et de douceur.

Le corps tout entier doit entrer en vibrations, comme une baignoire remplie d'eau dont la surface se ride d'un côté à l'autre sans déborder. Votre partenaire doit également ressentir ces vibrations.

L'arrêt progressif du « bercement » du bassin procure un profond relâchement du système

L'exercice de « bercement » des pieds permet d'activer le flux lymphatique des pieds vers la tête.

gauche ; il pose sa main gauche sur l'arc costal droit et sa main droite sur l'arc costal gauche, à chaque fois dans le prolongement du creux axillaire. Comme dans l'exercice précédent, il imprime de délicates vibrations dans l'axe du corps.

Exercices de mobilisation du système lymphatique

Bercement des épaules

Le « bercement » des épaules active le flux lymphatique, notamment à la hauteur de l'orifice supérieur de la cage thoracique.

▶ Allongez-vous sur le dos. Votre partenaire s'assoit derrière vous et pose ses mains à plat sur vos épaules, auxquelles il imprime de délicates vibrations, comme dans l'exercice précédent.

Bercement de l'arc costal

▶ Vous êtes allongé sur le dos. Votre partenaire s'agenouille sur votre

Les exercices suivants sont tout à fait indiqués pour activer le flux lymphatique dans le corps.

L'organisme comporte plusieurs éléments musculo-tendineux transversaux (diaphragmes) qui assurent d'importantes fonctions et notamment la stabilité des organes. En cas de troubles, une tension excessive par exemple, le bon écoulement des liquides vitaux circulant dans les

Le « bercement » de l'arc costal active le flux lymphatique dans la région du diaphragme.

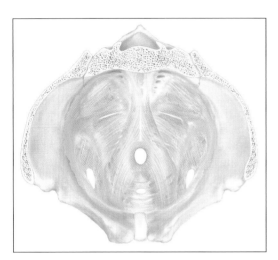

En face :

L'exercice de stimulation du bassin active le flux lymphatique dans la région correspondante.

vaisseaux à travers les orifices diaphragmatiques peut être entravé. Si le diaphragme et le plancher pelvien sont relativement simples sur le plan anatomique, l'orifice supérieur de la cage thoracique est un élément transversal de séparation nettement plus complexe avec ses os, ses muscles, ses membranes aponévrotiques et ses organes.

Pour stimuler cette région, il suffit de pratiquer quelques exercices simples, dans un lit de préférence.

Stimulation du plancher pelvien

En même temps qu'il stimule le drainage lymphatique, cet exercice détend et raffermit le plancher pelvien, élément essentiel de notre anatomie.

▶ Allongez-vous sur le dos, jambes très légèrement écartées. Avec les mains, localisez, à gauche et à droite de l'anus deux petites pointes, les tubérosités ischiatiques. Avec l'extrémité des doigts, allez aussi en profondeur que possible dans le creux situé entre ces tubérosités et l'anus.

À l'expiration, le diaphragme se lève, chassant l'air des poumons. Parallèlement, le plancher pelvien est tiré vers le haut. Essayez alors d'appuyer encore plus profondément avec le bout des doigts, puis, lorsque vient la phase suivante d'inspiration, lorsque le plancher pelvien se déplace sous vos doigts, essayez d'opposer une résistance.

🕐 Répétez cet exercice une ou 2 fois pendant environ 30 secondes. Ensuite, tendez le plancher pelvien contre vos doigts plusieurs fois durant quelques secondes. Appuyez tout d'abord comme lorsque vous allez à la selle, 3 fois vers le bas durant 5 secondes, puis tirez

Le plancher pelvien (dessin) est une formation musculo-aponévrotique transversale dont tout dérèglement peut entraver le bon fonctionnement des vaisseaux et des nerfs qui la traversent.

L'exercice de stimulation du petit bassin permet d'activer le flux lymphatique dans le bas-ventre.

CONSEIL !

Si vous avez les bras assez longs, vous pouvez faire travailler votre bassin des deux côtés à la fois, sinon faites l'exercice d'un côté puis de l'autre.

une à 2 fois vers le haut, également durant 5 secondes.

Pour finir, vous pouvez coupler l'exercice avec un exercice respiratoire pour le rendre plus dynamique. Respirez alors trois fois calmement et profondément en direction du plancher pelvien : à l'inspiration, essayez d'éloigner votre plancher pelvien de vos poumons et à l'expiration au contraire, de l'en rapprocher.

Stimulation du petit bassin

Cet exercice active le drainage lymphatique de la vessie, de la prostate et de l'utérus, ainsi que du rectum et du mésentère.

▶ Allongez-vous sur le dos, jambes légèrement écartées. Du bout des doigts, localisez la région médiane du pubis (symphyse pubienne) et enfoncez les doigts dans les tissus mous un peu plus haut, à hauteur de la vessie (photo en haut à droite). Tirez sur les tissus, vers le haut et sur les côtés, suivant un angle de 45° par rapport à l'axe médian du corps. Essayez d'aller le

plus possible en profondeur, sans toutefois vous faire mal.

🕐 Répétez cet exercice une ou 2 fois pendant environ 30 secondes.

Pour terminer, vous pouvez coupler cet exercice avec un exercice respiratoire pour le rendre plus dynamique. Respirez alors trois fois calmement et profondément en direction de la vessie : à l'inspiration, essayez d'éloigner la vessie des poumons et à l'expiration au contraire, de l'en rapprocher.

Exercice de stimulation du diaphragme

Le diaphragme forme une voûte fibro-musculaire entre le thorax et l'abdomen, à travers laquelle passent normalement les vaisseaux et les nerfs.

Pour que la traversée se fasse correctement, le diaphragme doit être bien relâché et les vaisseaux bien drainés. L'exercice approprié peut s'exécuter assis, le buste légèrement penché, ou bien allongé, les jambes légèrement repliées.

▶ Posez les mains à 10 centimètres l'une de l'autre sur le ventre, les extrémités des doigts au-dessus du nombril. Appuyez du bout des doigts dans le creux épigastrique et tirez avec la main droite (gauche) vers la droite (gauche), jusqu'au cartilage des côtes.

Passez ensuite sous l'arc costal et poussez le tissu du diaphragme vers le haut. À l'inspiration, essayez de vous opposer à la descente du diaphragme. À l'expiration, essayez

Le diaphragme forme une voûte fibro-musculaire entre les cavités thoracique et abdominale.

d'aller le plus profond possible avec les doigts.

🕐 Répétez cet exercice une ou 2 fois pendant environ 30 secondes.

Pour terminer, vous pouvez coupler cet exercice avec un exercice respiratoire pour le rendre plus dynamique. Respirez alors trois fois calmement et profondément en direction de l'abdomen.

Stimulation de l'angle veineux de Pigoroff

L'angle veineux de Pigoroff est l'endroit où se déversent les vaisseaux lymphatiques de la tête, des bras, de la région abdominale et des jambes, pour être ensuite drainés par la circulation veineuse.

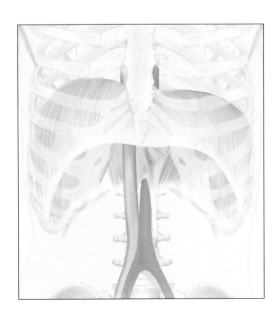

Outre une certaine détente du diaphragme, cet exercice active les flux sanguin et lymphatique.

L'angle veineux de Pigoroff, où s'opère le drainage de la lymphe par la circulation veineuse, se situe au niveau des diaphragmes (cloisons) de l'orifice supérieur de la cage thoracique.

L'angle veineux gauche, qui reçoit la lymphe de l'abdomen et des jambes, est situé au-dessus de la clavicule gauche. C'est lui qui doit être stimulé en premier.

Pour cet exercice, le mieux est encore une fois de s'allonger.

▶ Placez l'index et le majeur de la main droite l'un sur l'autre et posez-les ensuite à plat sur toute la longueur du creux situé au-dessus de la clavicule gauche. Appuyez prudemment, les doigts toujours à plat, tout en tirant légèrement vers le bas.

Procédez ensuite de la même manière pour l'angle veineux droit avec l'index et le majeur de la main gauche.

🕐 Effectuez l'exercice une fois de chaque côté, environ 30 secondes.

Pour terminer, vous pouvez rendre l'exercice plus dynamique en le couplant avec un exercice respiratoire. Respirez alors trois fois calmement et profondément en direction de la pointe du poumon gauche puis du poumon droit.

Exercices énergétiques

Les exercices suivants concernent l'intestin grêle, organe n° 1 sur le plan énergétique. Cet organe, à notre avis très important, est responsable de nombreuses chutes de régime, de baisses de performances ou d'asthénies.

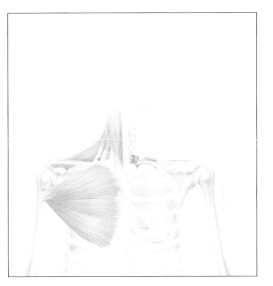

Cet exercice permet de détendre les structures musculo-aponévrotiques qui entravent le flux lymphatique dans l'angle veineux.

L'intestin grêle est essentiel à l'absorption et à la transformation des aliments. Les substances nutritives déterminent la qualité de notre « carburant » - une alimentation de mauvaise qualité entraîne une réduction des performances - et l'aptitude à fonctionner de notre « moteur » - une mobilité réduite de l'intestin grêle entraîne une diminution des capacités de l'organisme à fonctionner.

Dynamisation de l'intestin grêle

Bénéfique pour les muscles de la colonne dorsale et du ventre, cet exercice stimule l'intestin grêle et permet d'allonger les fascias de la paroi abdominale.

▶ Pour protéger votre colonne vertébrale, prenez appui avec les mains sur le dossier d'une chaise. Penchez-vous alternativement vers l'avant et vers l'arrière, sans dépasser 20 à 30 degrés.

⊕ Effectuez ce mouvement au moins 30 fois dans les deux sens.

Harmonisation de la paroi de l'intestin grêle

▶ Asseyez-vous sur une chaise, sans prendre appui sur le dossier. Posez les mains à hauteur des genoux et levez la jambe gauche (photo en bas à droite). Essayez de vous opposer à la pression des mains et d'étirer l'articulation du genou durant environ 10 secondes. Veillez à respirer calmement, sans vous presser.

Activation directe de l'intestin grêle par un exercice.

Activation indirecte de l'intestin grêle par stimulation d'un muscle réflexe.

Pour améliorer l'absorption et la transformation des aliments, il est conseillé de pratiquer le jogging à faible allure, la marche rapide ou de monter des escaliers. Le manque d'exercice et la station assise prolongée sont les ennemis de l'intestin grêle.

Répétez ensuite l'exercice avec l'autre jambe.
L'activation des muscles extenseurs du genou et de l'abdomen stimule les fonctions de l'intestin grêle.
⊕ Répétez cet exercice environ 10 fois.

Points réflexes de l'intestin grêle

Dans le chapitre relatif au traitement ostéopathique, nous avons vu certains des points de Chapman (cf. p. 52). En voici quelques autres que vous pourrez utiliser contre les dérèglements de l'intestin grêle.
▶ Pour localiser les points de Chapman : en partant de l'aisselle, descendez avec le majeur jusqu'à la partie cartilagineuse au bas de la cage thoracique, puis remontez d'un cm environ jusqu'à l'espace intercostal. Les points réflexes correspondent aux endroits douloureux.

Remontez ensuite de 2 cm environ vers l'intérieur en direction de l'axe du corps : vous trouverez deux autres points réflexes dans l'espace intercostal suivant.
Le plus simple et le plus pratique pour trouver les points de Chapman consiste à rechercher les points douloureux dans les espaces intercostaux en partant de la ligne axillaire antérieure pour aller vers la ligne ombilicale.
⊕ Lorsque vous avez trouvé un point douloureux, appuyez fermement dessus avec un doigt pendant 30 secondes environ, d'abord dans le sens horaire, puis dans le sens antihoraire. Procédez ainsi chaque jour jusqu'à ce que les points ne soient plus douloureux.

Cet exercice permet de stimuler directement les points réflexes sensibles de l'intestin grêle.

Questionnaire ostéopathique

Voici le type de questionnaire que pourrait vous soumettre votre ostéopathe. Bien sûr, il se peut que certaines questions ne vous concernent pas. Ce questionnaire est uniquement donné à titre d'exemple, afin d'illustrer le genre de renseignements pouvant intéresser votre thérapeute. Ce formulaire devrait également vous permettre de réfléchir aux affections dont vous souffrez et à vos antécédents médicaux.

**Questions relatives
à la naissance :**
● Êtes-vous né (e) par voie naturelle ou par césarienne ?
● L'accouchement a-t-il été difficile ou a-t-il duré plus longtemps que la normale ?
● L'accouchement a-t-il été réalisé à l'aide d'une ventouse obstétricale ou de forceps ?
● Votre mère a-t-elle eu des problèmes de santé pendant sa grossesse ?

**Questions relatives
aux opérations :**
● Avez-vous déjà subi une opération ?
● Avez-vous souffert de complications ou de troubles consécutifs à l'une de ces opérations ?
● Veuillez indiquer l'emplacement de vos cicatrices sur le dessin suivant.

● Quel type d'anesthésie avez-vous subi : anesthésie générale (), locale () ou péridurale () ?

Questions générales :
● Avez-vous été victime d'accidents ou de chutes (accidents de la circulation, chutes même sans gravité, traumatismes crâniens notamment) ?
● Avez-vous des problèmes urinaires, tels que mictions douloureuses ou trop fréquentes, une cystite ou une néphrite ?
● Avez-vous des problèmes pour aller à la selle, tels que constipation, diarrhée ou sang dans les selles ?
● Allez-vous régulièrement aux consultations pour le dépistage du cancer ?
● Souffrez-vous de troubles du sommeil (), de difficultés de concentration (), d'irritabilité (), de défaillances (), de sentiments d'angoisse (), de sautes d'humeur (), de surmenage (), d'instabilité ?

**Questions complémentaires
pour les femmes :**
● Utilisez-vous un moyen de contraception ?
● Souffrez-vous de règles douloureuses ?
● Avez-vous vécu un ou plusieurs accouchements ?
● De quels types ?
● Avez-vous souffert de complications pendant la grossesse, à l'accouchement ou après la naissance ?
● Souffrez-vous de troubles de la ménopause ?

Questions relatives à la famille :
Existe-t-il dans votre famille des maladies particulières, des maladies héréditaires ou d'un autre type ?

Questions relatives à l'état général :
● Souffrez-vous des troubles ou affections suivants ? Hypertension (), hypotension (), diabète (), troubles du métabolisme (), goutte (), troubles circulatoires (), saignements () allergies ou incompatibilités (), si oui, à quoi ?
● Souffrez-vous de troubles ou d'affections des organes suivants : cœur (), poumons (), tractus gastro-intestinal (), pancréas (), foie / bile (), reins (), vessie (), prostate (), utérus (), système nerveux () ?
● Souffrez-vous de troubles vasculaires ?
● Prenez-vous régulièrement un traitement médical, des hormones, des vitamines ou d'autres substances ?

Questions relatives aux troubles actuels :
● De quels troubles souffrez-vous ? Localisez ces troubles sur le dessin.
● Évaluez votre sensibilité à la douleur sur une échelle de 0 (pas de douleur) à 100 (douleurs les plus fortes).
● Depuis quand souffrez-vous de ces troubles ?

● Ces troubles ont-ils évolué ? Si oui, dans quelle mesure ?
● Pour vous, ces troubles se produisent rarement (), occasionnellement (), fréquemment (), en permanence (), au repos (), à l'effort (), à quel moment de la journée (), dans quelle partie du corps (), autres () ?
● Quelles actions déclenchent ou modifient vos troubles ? S'asseoir (), se coucher (), courir (), rester debout (), se baisser (), se redresser (), se tourner (), soulever un poids (), porter un poids (), tousser (), appuyer (), autres () ?
● Comment caractériseriez-vous douleurs ? Vives (), pressantes (), cinglantes (), lancinantes (), pénétrantes (), aiguës (), cuisantes (), convulsives (), sourdes () ?
● Vos troubles sont-ils liés au vent, à la météo, au froid, à la chaleur ou au climat ?
● Souffrez-vous de paralysie partielle, d'asthénie, de troubles de la coordination, d'engourdissements, de fourmillements, de picotements, de brûlures, d'hypersensibilité d'une zone particulière de votre corps ?
● Quel type de traitement avez-vous suivi jusqu'à aujourd'hui ?
● Vos troubles ont-ils modifié le cours de votre vie ?
● Pratiquez-vous un sport ?

Ostéopathes, caisses maladie et coûts

Statut de l'ostéopathe

La profession d'ostéopathe ne dispose pas encore en France de cadre institutionnel. C'est le rôle des associations socioprofessionnelles de définir son statut avec les pouvoirs publics. Cette carence ouvre la porte à l'utilisation abusive du titre d'ostéopathe. Pour protéger ceux qui choisissent l'ostéopathie, le Registre des Ostéopathes de France a créé un label M. R. O. F. (Membre du Registre des Ostéopathes de France). Ce label figure sur le certificat exposé dans le cabinet de chaque praticien et garantit ainsi au patient qu'il a bien à faire à un ostéopathe convenablement formé et qui exerce son art dans le respect de son code de déontologie.

En France, l'ostéopathie ne bénéficiait pas, jusqu'à très récemment, d'un statut officiel, contrairement à ce qui se passait dans d'autres pays européens. Le 4 octobre 2001, un amendement a été voté à l'Assemblée nationale, visant à reconnaître le statut de l'ostéopathe. Il est encore trop tôt pour commenter plus en détail ce point (le texte doit prochainement être présenté au Sénat). Néanmoins, c'est la forme BAC + 6 qui est prise en référence pour la formation. Par ailleurs, le Registre des Ostéopathes de France (R.O.F.) reste l'élément de référence et celui-ci a établi un label : le D.O.- M.R.O.F (Diplôme d'Ostéopathie - Membre du Registre des Ostéopathes de France). Ce label assure aux patients la qualité de la formation de leur ostéopathe et de son respect du code de déontologie.

Formation des ostéopathes

L'ostéopathie est une discipline dont les études spécifiques sont référencées dans le répertoire mondial de l'enseignement médical de l'Organisation Mondiale de la Santé, avec un diplôme spécifique (D.O.) (Répertoire mondial des écoles de santé - pages 95-96 et 97-12] - O.M.S - 6e édition). L'ostéopathie et la profession d'ostéopathe sont officiellement homologuées par les pays anglosaxons. Dans l'Union Européenne, le Royaume-Uni et la Belgique ont un statut légal pour cette discipline. En France, le vide juridique demeure, et aucune définition légale de l'ostéopathie, de son champ d'application et de son statut n'a, jusqu'à ce jour, été formulée par le législateur. La profession d'ostéopathe s'est donc structurée en référence aux normes internationales des pays où elle est officiellement reconnue.

Ostéopathie et assurance maladie

Les prestations de l'ostéopathe ne sont pas reconnues par la sécurité sociale et ne sont donc pas remboursées. Suivant les cas et la générosité de la caisse d'assurance, le traitement peut être pris partiellement en charge. La situation concurrentielle des caisses maladie et l'intérêt de plus en plus marqué des patients pour les médecines naturelles pourraient toutefois faire évoluer la situation.

Caisses privées

Les caisses privées prennent généralement en compte les médecines alternatives et remboursent par conséquent les prestations correspondantes.

Coût et durée d'un traitement

Malheureusement, il est impossible d'indiquer une durée ou un prix pour le traitement, les besoins étant distincts d'un patient à l'autre et les niveaux de formation différents d'un praticien à l'autre. Ainsi, une séance d'ostéopathie peut durer de 20 à 60 minutes. Elle peut même être plus courte ou plus longue selon les cas.

Suivant le statut du thérapeute consulté, le coût d'une séance peut varier de 50 à 130 euros. Le thérapeute doit afficher ses prix de manière claire et complète.

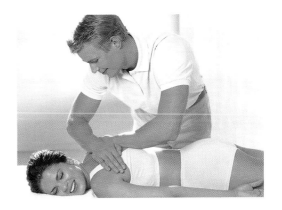

Index

Crédits photographiques

Avis important

Les vues présentées dans ce livre par leurs auteurs s'inspirent de l'état actuel de l'ostéopathie telle qu'elle est enseignée et pratiquée aux États-Unis.
Certaines vues peuvent diverger de celles de la médecine conventionnelle
concernant les fonctions de l'organisme, le diagnostic et la thérapie. Le
lecteur est invité à décider par lui-même si, et dans quelle mesure, l'ostéopathie constitue une alternative à la médecine allopathique ou s'il souhaite utiliser l'ostéopathie comme complément à cette dernière. Les
exemples de traitement et les autotraitements présentés dans ce livre ne
dispensent pas d'une visite chez un ostéopathe ou chez un médecin. L'ostéopathie n'a pas de statut légal en France. Chaque patient est par conséquent tenu de s'informer des qualifications dont dispose le praticien qu'il
souhaite consulter. Certains diagnostics et thérapies sont uniquement du
ressort d'un médecin. Le patient engage grandement sa responsabilité
lorsqu'il décide de se soigner par lui-même, et les auteurs de ce livre, ainsi
que la maison d'édition, ne sauraient l'en dégager. En cas de doute, il est
absolument nécessaire à chaque fois de consulter un ostéopathe ou un
médecin.

Remerciements

J'adresse mes remerciements les plus chaleureux à mon ami Karl Heinz Riedl sans qui ce livre n'aurait pas vu le jour sous sa forme actuelle. Je le remercie de m'avoir fait part de ses idées novatrices dans le vaste domaine de l'ostéopathie durant notre séjour commun aux États-Unis et après notre retour en Allemagne ensuite.

Dans la même collection

R. COLLIER, *Renaître grâce à une cure intestinale*

B. FROHN, *Anti-âge*

M. GRILLPARZER, *Brûleurs de graisse*

S. FLADE, *Allergies*

E-M. KRASKE, *Équilibre acide-base*

B. KÜLLENBERG, *Les Bienfaits du vinaigre de cidre*

D. LANGEN, *Le Training autogène*

M. LESCH, G. FORDER, *Kinésiologie : réduire le stress et renforcer son énergie*

E. POSPISIL, *Le Régime méditéranéen*

G. SATOR, *Feng Shui. Habitat et harmonie*

S. SCHMIDT, *Fleurs de Bach et harmonie intérieure*

K. SCHUTT, *Massages*

K. SCHUTT, *Ayurveda*

B. SESTERHENN, *Purifier son organisme*

H-M STELLMANN, *Médecine naturelle et maladies infantiles*

W. STUMPF, *Homéopathie pour les enfants*

C. VOORMANN ET G. DANDEKAR, *Massage pour bébé*

F. WAGNER, *L'Acupression digitale*

F. WAGNER, *Le Massage des zones de réflexes*

M. WERNER, *Huiles essentielles*

G.T. WERNER, M. NELLES, *L'école du dos*

Traduction française par Claude Checconi.

Ce logo a pour objet d'alerter le lecteur sur la menace que représente pour l'avenir de l'écrit, tout particulièrement dans le domaine
universitaire, le développement massif du « photocopillage ».
Cette pratique qui s'est généralisée, notamment dans les établisse-
ments d'enseignement, provoque une baisse brutale des achats de
livres, au point que la possibilité même pour les auteurs de créer
des œuvres nouvelles est menacée.
Nous rappelons donc que la reproduction et la vente sans autorisation, ainsi que le recel, sont passibles de poursuites. Les demandes
d'autorisation de photocopier doivent être adressées à l'éditeur ou
au Centre français du droit de copie :
20, rue des Grands-Augustins, 75006 Paris. Tél. : 01 44 07 47 70.

Pour l'édition originale parue sous le titre *Osteopathie, Schmerzfrei durch sanfte Berührungen*
© 2001, Gräfe und Unzer Verlag GmbH, München.

Pour la présente édition :
© 2003, Éditions Vigot – 23, rue de l'École-de-Médecine, 75006 Paris, France.
Dépôt légal : mars 2003 – ISBN 2-7114-1576-7
Imprimé en Belgique par la SNEL S.A. en février 2003 – 27171.